江汉大学人文社会科学学科创新基地项目
武汉市重点学科江汉大学历史系专门史资金资助项目

Humanism

人文主义与近代早期英国大学教育

刘贵华 著

中国社会科学出版社

图书在版编目(CIP)数据

人文主义与近代早期英国大学教育/刘贵华著.—北京:
中国社会科学出版社,2016.1
ISBN 978-7-5161-7523-1

Ⅰ.①人… Ⅱ.①刘… Ⅲ.①人文主义教育思想—
研究—英国 Ⅳ.①G40-02

中国版本图书馆CIP数据核字(2016)第018037号

出 版 人 赵剑英
责任编辑 刘志兵
特约编辑 张翠萍等
责任校对 李 斌
责任印制 李寡寡

出 版 中国社会科学出版社
社 址 北京鼓楼西大街甲158号
邮 编 100720
网 址 http://www.csspw.cn
发 行 部 010-84083685
门 市 部 010-84029450
经 销 新华书店及其他书店

印 刷 北京君升印刷有限公司
装 订 廊坊市广阳区广增装订厂
版 次 2016年1月第1版
印 次 2016年1月第1次印刷

开 本 710×1000 1/16
印 张 11.25
插 页 2
字 数 206千字
定 价 39.00元

凡购买中国社会科学出版社图书,如有质量问题请与本社营销中心联系调换
电话:010-84083683

目　　录

第一章　关于近代早期英国人文主义的研究

第一节　对近代早期英国人文主义的界定

在现代社会中，“人文主义”是一个被广泛使用的词语，但其“作为近代西方历史上的一种思潮，不仅牵涉的问题很广，而且随着时代的变迁，其含义也很难作出破解”。[①] 由于不同历史背景、文化差异等因素的影响，该词所指内容也各有不同。对人文主义的不同理解与定义，学界已有较全面的梳理和概述，在此不赘述。尽管古今中外的学者对“人文主义”一词有着不同的理解并给出了诸多不同的解释，但皆将其视为一种“叙述实体”，用以反映各自不同时代、不同社会背景的现实要求。[②] 本节将以近代早期（1500—1750 年）英国学者的论述为基础，并结合 20 世纪以来研究这一时期英国历史的西方学者的观点展开研究，将“人文主义”视为一种客观存在的历史文化现象，揭示近代早期，主要是都铎和斯图亚特王朝早期，英国人对“人文主义”的理解，也为本书的研究对象设立基本的范围。

一　近代早期英国人文主义（humanism）的同源词

20 世纪以来研究近代早期英国文化史的学者经常会使用“人文主义”（humanism）一词。该词广泛出现在英国人文主义研究作品中，是研究文艺复兴时期英国文化史时难以回避的一个术语。但近代早期的英国人谈及

---

① 吴于廑：《人本主义能够用作批判中国封建思想体系的武器吗？》，《世界历史》1984 年第 2 期。

② 参见陈新《“人文主义”的兴起——一个有关史学认识的个案分析》，《世界历史》2003 年第 1 期。

自己所处时代的文化现象时并没有使用这个词语，而是频繁使用其同源词，如 humanist，humanitian，humanity 等。这些词语成为都铎时期“文学研究者在与该主题相关的书籍、文章中常见的词汇”。[①]

humanist，现在被理解为“人文主义者”“人文学者”。但在“人文主义”一词还没有被创造之前，近代早期的人用 humanist 代指研究古典文化的教师与学生。

作为文艺复兴文化活动的主要参与者，humanist 一词首先出现在意大利，用 humanista 表示。该词后来随着文艺复兴文化活动传入欧洲各国。在英国，该词首次出现于 1589 年。这一年著名的田园诗人、史学家、翻译家亚伯拉罕·弗莱明（Abraham Fleming，1552—1607 年）将罗马诗人维吉尔的《牧歌》翻译成英语时用到 humanist 一词。[②] 他将 humanist 视为优秀文法学者（或文法教师，grammarian)，用该词表示文学写作人员。[③] 受此影响，都铎君主伊丽莎白一世宫廷中一位非常重要的朝臣、艺术家、诗人哈林顿（John Harington，1561—1612 年）爵士 1596 年发表了一篇针砭时弊的政论文《埃阿斯变形记》（*the Metamorphosis of Ajax*）。在文中，他将 humanist 明确定义为“文法教师”（a teacher of grammar）。此后，humanist 通常被视为 grammarian 的同义词，指文法教师。[④] 1598 年，著名辞典编撰者及翻译家约翰·弗洛里奥（John Florio，1553—1625 年）在编撰英意词典《辞典》(*A World of Words*) 时，将 humanist 所指范围由文法教师拓展到研究文法、修辞、诗歌、古典语言、古典作品等各类人文学科的教师，即 professor of humanitie[⑤]（professor 在近代早期指大学教师，其内涵与 lecturer 相同。《辞典》是近代早期英国词典编撰中一部里程碑式的作品[⑥]，为意大利人文主义向英国的传播，以及都铎时期英国人文主义的繁荣奠定了基础，是意大利人文主义向英国传播的一项标志性成果。弗洛

① Mike Pincombe, *Elizabethan Humanism: Literature and Learning in the Later Sixteenth Century*, London & New York: Longman, 2001, p. 5.

② Ibid.

③ Michael Pincombe, "Some Sixteenth-Century Records of the Words Humanist and Humanitian", *The Review of English Studies*, *New Series*, Vol. 44, No. 173, Feb. 1993.

④ Ibid.

⑤ Ibid.

⑥ Dewitt T. Starnes, "John Florio Reconsidered", *Texas Studies in Literature and Language*, Vol. 6, No. 4, winter 1965.

里奥的解释表明近代早期英国人已经普遍用 humanist 意指研究人文学的学者、教授。

humanist 一词所指内涵从文法学者、文法教师演变为人文学科教师，不仅从一个侧面反映出近代早期英国人文主义运动领域不断拓展与深入，也揭示出我们现在所理解的人文主义学者掌握的知识越来越丰富。他们通常被时人视为博学的人、古典学者和有文化的人。[①]

humanitian 一词现在已经很少使用，但在近代早期通常作为 humanist 的同义词出现并被频繁使用。不过，与 humanist 相比，humanitian 所指范围更广泛一些。该词不仅指研究古典文化的学者、教师，而且也指学习古典文化的学生。如都铎时期语言学家、诗人哈维（Gabriel Harvey，1550—1631 年）曾自称 humanitian。[②] 在此，humanitian 指古典文化研究的学者。而 1577 年，编年史家理查德·斯坦尼赫斯特（Richard Stanyhurst，1547—1618 年）在《爱尔兰史》中使用的 humanitian 一词则指学习古典文化的学生。如他在书中将爱尔兰有文化的人（learned man）分为以下几类：军官、民法与教会法学生、优秀的 humanitian、哲学家。[③] 在此，humanitian 指的是“人文学科的学生（student），而不是教师（professor）”。[④] 在当时，humanitian 通常指“从事人文学科（the humane arts）中任一科目而不是所有科目学习的人”。[⑤]1588 年，约翰·哈维（John Harvey）也在自己的文章中用 humanitian 代指学习人文学科知识的任何人。[⑥] 可见，在时人看来，humanitian 不仅是从事人文学科的教师，也可能是这一领域的学生或业余爱好者。

humanity 在近代早期是一个有着非常丰富内涵的词汇。该词源自拉丁语 humanitas。古罗马修辞学家西塞罗（Marcus Tullius Cicero，前 106—前 43 年）依据希腊文 paideia（教化）编造了 humanitas 一词，意即通过

---

① Michael Pincombe, “Some Sixteenth-Century Records of the Words Humanist and Humanitian”, *The Review of English Studies*, *New Series*, Vol. 44, No. 173, Feb. 1993.

② Ibid.

③ Mike Pincombe, *Elizabethan Humanism: Literature and Learning in the Later Sixteenth Century*, London & New York: Longman, 2001, p. 46.

④ Ibid.

⑤ Michael Pincombe, “Some Sixteenth-Century Records of the Words Humanist and Humanitian”, *The Review of English Studies*, *New Series*, Vol. 44, No. 173, Feb. 1993.

⑥ Ibid.

教化培养受教育者术德兼修的高贵品质。西塞罗的教育理想在古罗马作家奥卢斯·格利乌斯（Aulus Gellius，125—180 年）的《阿提卡之夜》（*Noctes Atticae*）中得到经典解读。他将 humanitas 解释为："人文学科的训练与教育"（instruction and education in the liberal arts）。[①] 这一理想在文艺复兴的背景下得到了大力推崇与实践。

近代早期，humanity 作为 humanitas 的同义词出现，含义也大抵相似。如托马斯·库帕（Thomas Cooper）1565 年编撰《拉丁语—英语词典》时将 humanitas 解释为 humanitie，并进一步解释其所指内涵为人性、彬彬有礼、绅士行为、教学、自由知识等。[②] 罗伯特·艾利特（Robert Aylett）后来将伊丽莎白时期对 humanity 的这一解释归纳为三层含义：人性（nature）、美德（virtue）与教育（education）。[③] 人性是相对于上帝的神性和动物的野蛮性而言。库帕认为人不是上帝，但人具有最高的人性，可以通过教育培养美德，趋于完美，远离野蛮。[④] Humanity 在当时由此暗示着一种建立在美德基础之上的绅士举止，而旨在塑造个人美德的人文学科教育在其中发挥着举足轻重的作用。因此，Humanity 的狭义解释，在近代早期也是更通常的解释是人文学科的教育。如英国著名作家、诗人、戏剧家、政治家约翰·利利（John Lyly，1553—1606 年）1578 年撰写的教材《优弗斯：解剖学的智慧》中将 humanity 定义为除了神学以外的所有学科。[⑤] 都铎时期著名剧作家、诗人、讽刺作家托马斯·纳什（Thomas Nashe，1567—1601 年）则在作品中将 humanity 具体化为逻辑学、修辞学、历史学、哲学、音乐、诗歌等人文学科（humaine artes）。[⑥] 可见，在近代早期学者看来，humanity 是与神学（divinity）相对的一个词。但在文艺复兴的背景下，当时的人文学科（humanity）主要包括拉丁语、希腊语

---

① Michael Pincombe, "Some Sixteenth-Century Records of the Words Humanist and Humanitian", *The Review of English Studies*, *New Series*, Vol. 44, No. 173, Feb. 1993.

② Mike Pincombe, *Elizabethan Humanism*: *Literature and Learning in the Later Sixteenth Century*, London & New York: Longman, 2001, p. 6.

③ Ibid., p. 7.

④ Ibid., pp. 7 – 12.

⑤ Michael Pincombe, "Some Sixteenth-Century Records of the Words Humanist and Humanitian", *The Review of English Studies*, *New Series*, Vol. 44, No. 173, Feb. 1993.

⑥ Mike Pincombe, *Elizabethan Humanism*: *Literature and Learning in the Later Sixteenth Century*, London & New York: Longman, 2001, p. 41.

及相关的文学作品等。从这个意义上说，人文学科（humanity）主要指古典学（the classics）教育。[①] 像古典学者推崇的一样，这些学科在当时都是美优之义的教育，是使人成为完人的学问与知识。

综上，近代早期，humanist，humanitian，humanity 三个常用词汇之间有着密切的联系。它们都源于古典学，是对古典文化的教学与学习。humanist，humanitian 是对古典文化进行研究或学习的人，而 humanity 则指古典文化研究的内容。这三个词语作为人文主义（humanism）同源词是时人对这场新文化运动参与者及其文化活动的概述，也展现了这场新文化运动的主要内容与基本特征，即对古典文化的研究。

二 近代早期英国人文主义（humanism）的含义

“人文主义”（humanism）是一个现代词汇。19 世纪初德国学者创造了 humanismus 这个词，用英语表达是“人文主义”（humanism）。该词最初用以描述文艺复兴时期以古典文化为基础的中学课程与大学课程。[②] 后来经文化史家伏伊格特（Georg Voigt，1827—1891 年）和布克哈特（Jacob Burckhardt，1818—1897 年）的阐释，“人文主义”一词被学术界广泛接受与运用。不过其所指含义已经由 19 世纪初用以概述文艺复兴时期的一种历史文化现象演绎为“人的存在方式”。[③]近代早期英国人文主义作为欧洲文艺复兴文化运动的一个组成部分，学者对其理解也大致经历了从文化现象到价值观念与生存方式的转型。

20 世纪中叶，韦尔斯（R. Weiss）在研究英国人文主义的经典著作中将其理解为：包括从彼特拉克时代以来，意大利人和人文主义者所从事的所有有关古典文化的研究与活动。其中，人文主义者是研究古典作家的作品、寻求古典时代的珍稀典籍、收集古典时代作家的作品，试图习得希腊语并能像古罗马作家那样（用拉丁语）写作的人。[④] 韦尔斯以意大利文化活动为参照，强调收集、整理、学习、模仿古典文化的重要

---

① Michael Pincombe, “Some Sixteenth-Century Records of the Words Humanist and Humanitian”, *The Review of English Studies*, *New Series*, Vol. 44, No. 173, Feb. 1993.

② Tony Davies, *Humanism*, London & New York: Longman, 1997, p. 9.

③ 参见陈新《“人文主义”的兴起——一个有关史学认识的个案分析》，《世界历史》2003 年第 1 期。

④ Roberto Weiss, *Humanism in England during the Fifteenth Century*, Oxford: Blackwell, 1941, p. 1.

性。这种以意大利模式界定英国人文主义，反映了意大利对英国人文主义运动的影响，但脱离了英国人文主义的实际情况，也将人文主义视为一种优于经院主义的文化运动，割裂了人文主义与中世纪文化传统之间的连续性。

20世纪80年代，玛利亚·道林（Maria Dowling）对近代早期英国人文主义运动进行了综合性研究，将“人文主义”解释为：通过考察神学和哲学作品，如基督教圣经和教父作品，以及异教徒古典文学经典等，重新评价宗教与世俗领域的思想文化。由于阅读圣经、教父作品以及古典文学作品，需要掌握高深的圣经语言和古典语言，如希伯来语、希腊语、拉丁语等，因此当时出现一些附带的文化现象：关注纯正的拉丁语；将古典作品翻译成英语以利于世俗人士阅读；赞颂并模仿古希腊、罗马的演讲术和文体风格，等等。[①] 在此，道林不仅强调了古典文化的重要性，也重视非古典文化的研究，将圣经与早期教父作品视为人文主义活动的一部分，扩大了人文主义研究的领域，也强调了人文主义与中世纪文化之间的文化传承性。

尼古拉斯·曼（Nicholas Mann）考察人文主义的起源时认为，“人文主义”涉及至少在9世纪之前就已经非常具有代表性的古代文化遗产，尤其是文学遗产。它主要包含古代希腊、罗马典籍的重新发现与研究，对其进行复原与解释，吸收这些典籍所包含的理念价值。人文主义范围从对古代遗址的考古学兴趣到强调从文献学角度研究各类文字记录的细节，后来又遍及后中世纪文化的各领域，包括神学、哲学、政治思想、法律体系、医学、数学和创意艺术。[②]

从西方学者对近代早期英国人文主义运动的解读中，我们可以发现对文艺复兴时期英国人文主义的理解如同对欧洲大陆国家人文主义的理解一样，从对古典文化的学习与研究转为一种生活与行为方式。这是“不同时代不同学者不断追加与改变的结果”。[③] 而近代早期英国学者对“人文主义”（humanism）同源词的解释从一个侧面客观地展现出时人对这场新

---

① Maria Dowling, *Humanism in the Age of Henry Ⅷ*, London: Croom Helm, 1986, p. 1.

② Jill Kraye, *The Cambridge Companion Renaissance Humanism*, Cambridge: Cambridge University Press, 1996, p. 2.

③ 陈新：《“人文主义”的兴起——一个有关史学认识的个案分析》，《世界历史》2003年第1期。

文化运动的理解。他们更强调的是一种活动，一种收集、整理、阅读古典作品、早期教父作品，以及为此而进行的古典语言与作品教学的活动，而不仅仅是我们通常所理解的一种文化思潮。作为一种文化思潮的人文主义是近代早期人文主义运动的一种结果与目标，而这场文化活动本身也构成人文主义运动的重要组成部分。通过教育，让时人阅读、吸收、翻译古典作品及早期教父作品，接受其传达的精神理念等是人文主义运动的重要内容与方式。以人文主义活动为视角展开研究，有助于更客观真实地理解近代早期英国人文主义运动。本书将在此框架内进行写作，具体考察人文主义对近代早期英国大学教育的影响。

第二节 对近代早期英国人文主义的研究

近代早期（1500—1750 年）是英国由传统社会向现代社会转型的重要阶段。人文主义运动作为社会变迁的重要因素，也经历了兴起、发展与繁荣的历程，并因科学革命的冲击受到严峻的挑战。人文主义运动的兴衰是当时社会变迁的反映，也在很大程度上推动着英国社会变迁的进程，影响着英国社会的发展走向，是英国史学研究的重要领域。西方学者对这场以收集、整理、运用古典文化为主要特征的近代早期英国人文主义运动的研究成果异常丰富，主要表现在对人文主义学者及对人文主义本质、特征、发展阶段、影响等的研究上。

一 研究视角从著名人文主义者拓展到其他人文主义者

对近代早期英国人文主义的学术研究是随着牛津学派的建立，史学成为一门独立的学科而开始的。19 世纪下半叶兴起的牛津学派与欧洲大陆学术界有着相似的历史研究取向，强调客观主义、实证主义史学观，注重资料的收集与整理。受此影响，弗雷德里克·西博姆（Frederic Seebohm，1883—1912 年）于 1867 年撰写了《牛津改革者：科利特、伊拉斯谟和莫尔》一书。[①] 该书通过收集 1496—1519 年三位著名思想家关于人文主义新学的书信，并进行合理的分析与阐释，展现了 15 世纪末、16 世纪初英

① Frederic Seebohm, *The Oxford Reformers: Cloet, Erasmus and More*, London: J. M. Dent & Sons, Ltd, 1914.

国人文主义运动兴起的状况，让读者对当时的知识生活留下了深刻的印象。本书作为近代早期人文主义运动研究的权威之作一再被引证。[①]

此后，通过研究著名人文主义者展现英国人文主义运动成为英国人文主义运动研究的一个重要途径。如第二代人文主义者约翰·科利特为了更好地传授人文主义知识建立了圣保罗学校，在英国人文主义运动中发挥了重要作用。学界有关科利特及其学校的研究成果较为丰富，代表作有：唐纳德·温斯顿（Donald Weinstein）的《约翰·科利特在英国人文主义发展中的地位》（1950）[②]、希尔斯·基恩（Sears R. Jayne）的《约翰·科利特与马西里欧·费奇诺》（1963）[③]、乔纳森·阿诺德（Jonathan Arnold）的《圣保罗学校的校长约翰·科利特：都铎早期英国人文主义与改革》（2008）[④] 等。这些作品通过解读科利特在意大利留学期间的历史文献，考察科利特回国后的宗教、文化生活，探讨意大利著名人文主义者费奇诺等人对科利特的影响，强调了科利特对英国人文主义运动的贡献，以及意大利人文主义对英国基督教人文主义形成的影响。

托马斯·埃利奥特（Thomas Elyot）是英国第三代人文主义者的典型代表，其作品《统治者之术》（*The Book Named the Governor*）强调以古典文化教育未来的统治者。该书是人文主义知识英国化的重要表现，也在很大程度上推动着英国绅士文化的形成。是故，有关埃利奥特及其著作也深受学者们关注，仅20世纪60年代，就有三部作品问世。史丹佛·莱姆伯格（Stanford E. Lehmberg）的《托马斯·埃利奥特爵士：都铎时代的人文主义者》（1960）[⑤]、约翰·梅杰（John M. Major）的《托马斯·埃利奥特爵士和文艺复兴人文主义》（1964）[⑥]、佩尔·霍格瑞夫（Pearl

---

① Anthony Goodman & Angus Mackay, *The Impact of Humanism on Western Europe*, London & New York: Longman, 1990, p. 259.

② Donald Weinstein, *The Place of John Colet in the Development of English Humanism*, Chicago: Univ. of Chicago, 1950.

③ Sears R. Jayne, *John Colet and Marsilio Ficino*, Oxford: Oxford University Press, 1963.

④ Jonathan Arnold, *Dean John Colet of St. Paul's: Humanism and Reform in Early Tudor England*, London & New York: I. B. Tauris, 2008.

⑤ Stanford E. Lehmberg, *Sir Thomas Elyot Tudor Humanist*, Austin: University of Texas Press, 1960.

⑥ John M. Major, *Sir Thomas Elyot and Renaissance Humanism*, Lincoln: University of Nebraska, 1964.

Hogrefe）的《英国人托马斯·埃利奥特爵士的生活和时代》（1967）[①] 考察了古典学者以及文艺复兴时期意大利人文主义者对埃利奥特及其作品的影响，探讨了近代早期英国人文主义运动的影响因素以及那个时代的政治、宗教与文化生活。

对近代早期历代著名人文主义者进行研究的成果相当丰富，在此不一一列举。这类作品不仅有对人文主义者的个案研究，也有对人文主义者的群体研究。如 1991 年问世的特拉普（J. B. Trapp）的《伊拉斯谟、科利特和莫尔：都铎早期人文主义者和他们的书籍》通过考察著名人文主义者的书籍，探讨了伊拉斯谟对科利特、莫尔人文主义思想的影响，也探讨了欧洲大陆人文主义，尤其是意大利著名人文主义者的作品对英国人文主义兴起的影响。[②] 这类作品在关注人文主义者的文化生活之时，也展现了那个时代的人文主义运动。不过因为第一代人文主义者，如托马斯·林纳克（Thomas Linacre）、威廉·格劳斯（William Grocyn）等人的身份复杂。他们既是新文化运动的倡导者，也是神职人员。因此，有关他们的传记与原始档案，虽然也涉及人文主义运动的兴起，但更强调那个时代的宗教生活。因此，这类作品大多被收录在宗教类栏目中。如科尼尔斯·瑞德（Conyers Read）编撰的《英国史文献：1485—1603 年都铎时代》（1959）收录了反映都铎时期历史与文明的各方面的著作。该书没有以人文主义为主题列出专栏，只是将与人文主义相关的作品，有些甚至是非常重要的作品列入宗教史栏目之下。[③]

第二次世界大战后，英国马克思主义史学家强调自下往上看历史，也就是从普通民众的视角观察和研究历史。受此风气影响，西方学者对英国人文主义者的研究也从“精英人物”转向“普通民众”，即从著名人文主义者拓展到二等甚至是普通人文主义者。如丹尼斯·汉斯（Denys Hay）的《波利多尔·维吉尔：文艺复兴时期的历史学家和有学问的人》（1952）[④]

---

① Pearl Hogrefe, *The Life and Times of Sir Thomas Elyot Englishman*, Ames: Iowa State University Press, 1967.

② J. B. Trapp, *Erasmus, Colet and More: The Early Tudor Humanists and Their Books*, London: The British Library, 1991.

③ Anthony Goodman & Angus Mackay, *The Impact of Humanism on Western Europe*, London & New York: Longman, 1990, p. 259.

④ Denys Hay, Polydore Vergil, *Renaissance Historian and Man of Letters*, New York: Oxford University Press, 1952.

考察了近代早期不太著名的、旅居英国的意大利人文主义者波利多尔·维吉尔及其撰写的《英国史》，突显了都铎时期英国人文主义运动的繁盛状况。戴维·R. 卡尔森（David R. Carlson）的《英国人文主义者的书籍：1475—1525 年间的作者与庇护人，手稿与印刷书》（1993）① 考察了英国人文主义运动的黄金时代，普通人文主义者以及人文主义运动的赞助人收藏的体现人文主义精神的手稿和印刷书籍，展现了英国人文主义运动的状况。乔纳森·伍尔夫（Jonathan Woolfson）的《帕多瓦大学和都铎人：1485—1603 年在意大利留学的英国学生》（1998）② 考察了都铎历任君主统治时期英国到意大利人文主义研究中心——帕多瓦大学留学人员的学术活动，彰显意大利人文主义对英国人文主义运动的影响。

相比对著名人文主义者的研究而言，对非著名人文主义者的研究不仅强调人文主义运动初期，英国著名人文主义者的贡献以及意大利对英国人文主义运动的影响，也通过非著名人文主义者对人文主义的看法、活动，彰显人文主义运动兴起、发展的历程，深化了英国人文主义研究的领域。

二　研究重点从学术领域向其他领域延伸

受弗雷德里克·西博姆的影响，早期学者往往将英国人文主义运动的命运与著名人文主义者的命运联系起来。如 1913 年菲利莫尔（J. S. Phillimore）在《都柏林评论》（*Dublin Review*）上发表《圣徒托马斯·莫尔与英国人文主义的中断》一文，认为托马斯·莫尔是英国人文主义运动的代表人物，而都铎君主亨利八世处死莫尔直接导致英国人文主义运动发展中断。这一观点在较长一段时间内成为学界的主流观点，直到 1935 年，钱伯斯（R. W. Chambers）仍著《托马斯·莫尔》对此作出了回应。③ 但到 20 世纪 30 年代末期，这一观点开始受到质疑，对人文主义运动的研究也由此从对著名人文主义者的研究转向对人文主义运动本身的研究。

道格拉斯·布什（Douglas Bush）从理论层面对英国人文主义运动进行了探讨，考察人文主义的特征与传统等问题。1939 年，他在撰写的

---

① David Richard Carlson, *English Humanist Books: Writers and Patrons, Manuscript and Print, 1475 - 1525*, Toronto: University of Toronto Press, 1993.

② Jonathan Woolfson, *Padua and Tudors: English Students in Italy, 1485 - 1603*, Toronto: University of Toronto Press, 1998.

③ R. W. Chambers, *Thomas More*, New York: Harcourt, Brace & Co, 1935.

《文艺复兴和英国人文主义》[①] 中强调英国人文主义运动没有因为莫尔的去世而中断，而是在继续发展；不仅如此，他也强调人文主义既具有古典性，也具有宗教性，人文主义没有割裂中世纪文化的发展，却延续、传承了中世纪文化。这样，该书从两个层面彰显了英国人文主义运动的延续性，既对菲利莫尔和钱伯斯的观点进行了批驳，也对当时欧洲大陆盛行的将人文主义与中世纪文化相对立的布克哈特主义发起了挑战，成为英国人文主义研究中具有里程碑意义的作品。

布什提出的人文主义运动具有延续性的观点在后来的作品中不断得到阐释与印证。泽维尔德（W. G. Zeeveld）在《都铎政策的基石》（1948）[②] 中认为亨利八世虽然处死了托马斯·莫尔，但他本人并不敌视人文主义新学，相反将人文主义新学作为他制定政策的基石。人文主义因服务于王国的政治生活而延续下来。卡斯帕（F. Caspari）的《都铎时期英国人文主义与社会秩序》（1954）[③] 将英国人文主义运动分为四个阶段：从开始到15世纪末是英国人文主义运动兴起的阶段；1490年到1530年是英国人文主义运动的黄金时代，这一阶段受伊拉斯谟和莫尔等第二代著名人文主义者的影响，人文主义运动在牛津、剑桥、伦敦取得进展；中间时期，即英国因宗教改革与罗马教皇关系破裂到伊丽莎白女王即位时期，这是一个政治、宗教都极其动荡的年代；伊丽莎白时代，是英国人文主义运动的繁荣时期。在这一阶段，人文主义文化已经成为人们获得政治地位与社会声望所必需的知识。卡斯帕通过对人文主义运动阶段性的研究，回应了布什的观点，批驳了传统研究中强调的亨利八世与罗马教皇关系破裂之后人文主义运动中断的观点。人文主义运动从本质上说是具有延续性的，成为学界的主流观点。詹姆斯·麦克尼卡（James K. McConica）的《亨利八世和爱德华六世统治时期英国人文主义者和宗教改革政治》（1965）[④] 考察了人文主义运动中间期，在英国宗教、政治生活处于动荡不安的年代里，人文主义者对英国宗教改革政策理论的贡献以及在英国宗教改革中的作用。

---

① Douglas Bush, *The Renaissance and English Humanism*, Toronto: University of Toronto Press, 1939.

② W. Gordon Zeeveld, *Foundations of Tudor Policy*, London: Harvard University Press, 1948.

③ Fritz Caspari, *Humanism and the Social Order in Tudor England*, Chicago: The University of Chicago Press, 1954.

④ James K. McConica, *English Humanists and Reformation Politics under Henry VIII and Edward VI*, Oxford: the Clarendon Press, 1965.

这些研究成果不仅从人文主义知识在政治、宗教生活领域中的运用印证了英国人文主义运动的延续性问题，也考察了人文主义运动的起源、阶段性、特征等，将人文主义运动的研究由早期对人文主义运动现象的描述引入对人文主义运动本质、作用等的探讨。英国人文主义运动研究逐渐走向深入，从学术领域向政治、宗教生活等领域延伸。

三　研究方法强调整体性研究与跨学科研究并重

20世纪六七十年代以后，随着西方新史学的兴起、发展，英国人文主义运动的研究范围与内容也日益扩大。新史学强调将历史研究的范围拓展到人类生活的诸多方面。受新史学思潮的影响，人文主义的研究也日益注重与其他知识的交叉研究，人文主义研究朝着众多方向发展，新领域不断增加。

人文主义向教育学领域的渗透。受新史学思潮的影响，20世纪60年代以后，教育学领域出现教育社会史研究热潮，学者们关注教育与社会变迁的关系，而人文主义作为教育发挥社会功用的重要方面受到重视。如马克·柯蒂斯（Mark H. Curtis）的《转型时期的牛津与剑桥》（1959）[①]、劳伦斯·斯通（Lawrence Stone）的《1560—1640年英国教育革命》（1964）[②]、琼·西蒙（Joan Simon）的《都铎英格兰的教育与社会》（1966）[③]、休·卡尼（Hugh Kearney）的《学者与绅士：工业革命前英国的大学与社会》（1970）[④]、罗斯玛丽·奥戴（Rosemary O'Day）的《1500—1800年教育与社会：近代早期英格兰的社会基础与教育》（1982）[⑤]、弗兰克·格雷夫斯（Frank Graves）的《中世纪和向现代转型

---

① Mark H. Curtis, *Oxford and Cambridge in Ttransition, 1558 - 1642 : An Essay on Changing Relations between the English Universities and English Society*, London: Oxford University Press, 1959.

② Lawrence Stone, "The Educational Revolution in England, 1560—1640", *Past and Present*, No. 28, Jul. 1964.

③ Joan Simon, *Education and Society in Tudor England*, Cambridge & New York: Cambridge University Press, 1966.

④ Hugh Kearney, *Scholars and Gentlemen: Universities and Society in Pre-Industrial Britain 1500 - 1700*, London: Faber & Co. Ltd, 1970.

⑤ Rosemary O'Day, *Education and Society 1500 - 1800: The Social Foundations and Education in Early Modern England*, London: Longman Group Ltd, 1982.

时期的教育史》（2004）[①] 等著作将人文主义视为教育领域中出现的新变化加以考察，并强调其对教育与社会发展的影响。20 世纪 80 年代以后甚至相继出版了对人文主义与教育关系的专题性研究成果。如鲁思·安·琼斯（Ruth Ann Jones）的《英国人文主义与亨利八世子女的教育：玛丽、伊丽莎白和爱德华》（1982）[②]、斯科特·阿莫斯（N. Scott Amos）等主编的《基督教社会的教育：英国和荷兰的人文主义与宗教改革》[③]、伊恩·格林（Ian M. Green）的《近代早期英国教育领域的人文主义与清教》（2009）[④] 等对人文主义向教育领域的渗透及地位进行了探讨。

20 世纪 80 年代以后，人文主义对文学、音乐、戏剧等人文学科发展的影响受到重视，相关的专著也纷纷问世。如哈罗德·安德鲁·梅森（Harold Andrew Mason）的《都铎早期人文主义与诗歌：一篇随笔》（1980）[⑤]、乔安娜·马丁代尔（Joanna Martindale）的《英国人文主义：从怀亚特到考利》（1985）[⑥]、阿瑟·凯尼（Arthur F. Kinney）的《人文主义诗学：16 世纪英国思想、修辞和小说》（1986）[⑦]、迈克·皮库姆（Mike Pincombe）的《伊丽莎白时代人文主义：16 世纪后期的文学和学识》（2001）[⑧]、丹尼尔·沃克林（Daniel Wakelin）的《1430—1530 年，人文主义、阅读和英国文学》（2007）[⑨] 等研究了著名人文主义者的档案文献，彰显文艺复兴时期英国文学的发展，认为英国文学深受欧洲大陆人

---

① Frank Graves, *History of Education during the Middle Ages and the Transition to Modern Times*, New York: The Macmilian Company, 2004.

② Ruth Ann Jones, *English Humanism and the Education of the Children of Henry VIII: the Princes Mary, Elizabeth, and Edward*, Columbia: University of Missouri, 1982.

③ N. Scott Amos, Andrew Pettegree, Henk Van Nierop, *The Education of a Christian Society: Humanism and the Reformation in Britain and the Netherlands*, Andershot: Asggate Publishing Limited, 1999.

④ Ian M. Green, *Humanism and Protestantism in Early Modern English Education*, London: MPG Books Ltd Bodmin Cornwall, 2009.

⑤ Harold Andrew Mason, *Humanism and Poetry in the Early Tudor Period: An Essay*, Routledge & Kegan Paul, 1980.

⑥ Joanna Martindale, *English Humanism, Wyatt to Cowley*, Kent: Croom Helm Ltd, 1985.

⑦ Arthur F. Kinney, *Humanist Poetics: Thought, Rhetoric, and Fiction in Sixteenth-Century England*, Massachusetts: The University of Massachusetts Press, 1986.

⑧ Mike Pincombe, *Elizabethan Humanism: Literature and Learning in the Later Sixteenth Century*, London & New York: Longman, 2001.

⑨ Daniel Wakelin, *Humanism, Reading, and English Literature, 1430 – 1530* , Oxford : Oxford University Press, 2007.

文主义与古典文化复兴的影响，揭示了人文主义对英国现代文学形成的影响。而肯特·卡特赖特（Kent Cartwright）的《剧院和人文主义：16 世纪英国戏剧》（1999）①、凯艾姆（Hyun-Ah Kim）的《近代早期英国人文主义与圣经音乐的改革》（2008）② 等则探讨了人文主义对英国现代音乐、戏剧等形成的影响。

20 世纪末，人文主义对英国政治生活的影响受到众多学者的关注。他们强调人文主义文化在英国政治思想、政治活动、海外殖民、民族形成等领域的作用，推动着英国新政治史的研究。凯艾姆的（Kyong-hahn Kim）的《英国文艺复兴中"基督教人文主义"再思考：对莫尔、埃利奥特和斯宾塞有关都铎民族主义集中论述的历史记录》（1997）③、凯瑟琳·露西·西瓦克（Catherine Lucy Shrank）的《英国人文主义与民族认同，1530—1570 年》（1999）④ 等作品阐明人文主义增强了英国民众的民族情感、民族认同和民族凝聚力，推动着英国民族国家的形成。安德鲁·菲茨莫里斯（Andrew Fitzmaurice）的《人文主义和美洲：1500—1625 年英国殖民知识史》（2003）⑤ 考察了人文主义知识在英国海外殖民中的作用，扩大了学界对海外殖民研究的视野。马库·佩尔托宁（Markku Peltonen）的《1570—1640 年英国政治思想中的古典人文主义与共和主义》（1995）⑥、托马斯·帕特里克·马丁（Thomas Patrick Martin）的《伊丽莎白女王统治时期英国人文主义与爱尔兰问题》（2005）⑦ 则考察了人文

---

① Kent Cartwright, *Theatre and Humanism: English Drama in the Sixteenth Century*, Cambridge & New York: Cambridge University Press, 1999.

② Hyun-Ah Kim, *Humanism and the Reform of Sacred Music in Early Modern England: John Merbecke the Orator and The Booke of Common Praier Noted (1550)*, Cornwall: Ashgate Publishing Limited, 2008.

③ Kyong-hahn Kim, *A Reconsideration of "Christian Humanism" in the English Renaissance: Historicizing More, Elyot, and Spenser with a Focus on Tudor Nationalism*, Oklahoma: University of Oklahoma, 1997.

④ Catherine Lucy Shrank, *English Humanism and National Identity (1530 – 1570)*, Cambridge & New York: University of Cambridge, 1999.

⑤ Andrew Fitzmaurice, *Humanism and America: an Intellectual History of English Colonisation, 1500 – 1625*, Cambridge & New York: Cambridge University Press, 2003.

⑥ Markku Peltonen, *Classical Humanism and Republicanism in English Political Thought, 1570 – 1640*, Cambridge & New York: Cambridge University Press, 1995.

⑦ Thomas Patrick Martin, *English Humanism and the Problem of Ireland during the Reign of Elizabeth*, Minnesota: Univeristh of Minnesota, 2005.

主义知识在政治思想、政治生活与外交事务中的作用。

在新史学思潮的影响之下，人文主义研究不仅向传统学科研究领域渗透，诞生了众多的交叉学科研究成果，而且也与史学研究热潮相呼应，出现了一些新的研究领域。如随着20世纪70年代以后，出现的“性解放运动”，性学研究成为史学界研究的一个热点，人文主义研究领域也有相关作品问世。克洛斯·瑞德（Close Readers）的《近代早期英国人文主义与鸡奸》（1997）[①]，探讨了在人文主义思想影响之下，十六七世纪英国人较普遍的性取向，为我们全面地认识人文主义提供了一个窗口。

这一时期，人文主义的研究不仅因新史学思潮的影响向各领域渗透，而且也在前一阶段研究的基础上，出现了综合性研究倾向。20世纪80年代以后，对人文主义运动进行综合性研究的作品相继问世。如玛利亚·道琳（Maria Dowling）的《亨利八世时代的人文主义》（1986）[②]、阿利斯泰尔·福克斯（Alistair Fox）的《再评价亨利八世时代：1500—1550年的人文主义、政治和改革》（1986）[③]、乔纳森·伍尔夫（Jonathan Woolfson）的《再评都铎时期人文主义》（2002）[④] 等。这些作品以新的视野对英国人文主义运动进行了考察与解释，对人文主义的含义、本质、作用、特点等进行了深度思考。

综上，人文主义是一个传统而又常新的研究领域，其研究成果卷帙浩繁。从已有研究成果来看，西方学者对近代早期英国人文主义的研究大抵呈现出以下三大趋势：研究视角从著名人文主义者拓展到其他人文主义者、研究重点从学术领域向其他领域延伸、研究方法强调整体性研究与跨学科研究并重。

在人文主义研究的新趋势之下，人文主义与教育的关系作为其中一个领域受到学者们的关注，大学教育作为整个教育的一部分也得到深入研究，而且成果卓著。如劳伦斯·斯通（Lawrence Stone）的《社会中的大

---

① Close Readers, *Humanism and Sodomy in Early Modern England*, Princeton: Princeton University Press, 1997.

② Maria Dowling, *Humanism in the Age of Henry Ⅷ*, London: Croom Helm, 1986.

③ Alistair Fox, *Reassessing the Henrician Age: Humanism, Politics, and Reform, 1500 - 1550*, New York: Basil Blackwell, 1986.

④ Jonathan Woolfson, *Reassessing Tudor Humanism*, New York: Palgrave Macmillan, 2002.

学》（*the University in Society*）（1975），特雷弗·亨利·阿斯顿（Trevor Henry Aston）与克里斯托弗·N. L. 布鲁克（Christopher N. L. Brooke）分别总主编的《牛津大学史》（*The History of the University of Oxford*）（1984—2000），《剑桥大学史》（*A History of the University of Cambridge*）（1989—2004）等。但这类成果主要是从教育学的角度研究大学教育及其与社会变迁的关系，人文主义只是作为当时教育发展的一个方面受到关注。而从史学研究角度全面探讨特定历史时期人文主义与大学教育的关系及由此带来的对社会转型的影响仍然有研究的必要。

国内学术界对近代早期英国人文主义教育思想、大学教育也有关注。对人文主义教育思想的研究领域主要集中在对埃利奥特、阿斯堪等著名教育思想家的考察（朱镜人、汤燕，2007；夏继果，2005；赵卫平，1993；朱镜人，2006），也关注到人文主义者对英国发展的贡献（李斌，2001）、人文主义思想（王小玲，2009），以及人文主义教育思想萌芽的背景（朱镜人，2011）等；对近代早期英国大学教育的研究成果则集中在对这一时期教育发展趋势（洪明，2004；徐煜，2004）、人文主义向大学的渗透（王建妮，2009）、大学教育的社会功用（赵红，2010）、大学生的社会构成以及毕业后的就业去向（刘贵华，2011）、大学变迁及影响（赵红，2012）等问题的探讨。但综合考察人文主义教育思想在大学教育中的运用，将人文主义视为近代早期大学教育发展的重要推动力量及对社会发展的影响，仍然有着较大的研究空间。本书将在借鉴前人研究成果的基础上，考察近代早期大学人文主义教育及其与社会变迁的关系，深化对近代早期教育史、知识史与社会转型的认识与了解，推动大学教育的研究由教育史向教育社会史、知识史等领域的拓展。

第二章　英国人文主义教育思想的文化源流

第一节　自由教育与骑士教育：英国人文主义教育思想的来源

人文主义教育（humanistic education）思想是欧洲文艺复兴时期人文主义者倡导的一种以“人”为核心的教育思潮。它再现了古典人本主义教育精神，被认为是从传统向现代社会转型时期教育领域出现的一种新现象。与中世纪教育强调神性的重要性相比，人文主义教育往往被教育史家认为是文艺复兴时代的主要特征，是时代进步的重要标志。文艺复兴与中世纪的教育被对立起来。然而，透过人神对立的表象，我们会发现中世纪教育的“神性”与文艺复兴教育的“人性”在教育上有着内在的同一性。中世纪教育保留了自由教育与骑士教育的传统，为文艺复兴时代的教育作了铺垫。“文艺复兴从中世纪后期继承了高度系统化、专门化了的一大批知识”，而且，这些知识“虽然经过许多变化和补充，它仍然是文艺复兴期间教育的主脉”①。

一　中世纪的自由教育（liberal education）

近代早期英国大学教育是一种典型的自由教育。自由教育最早出现于古希腊著作中，意指自由人应受的教育。自由人是公元前4世纪希腊城邦国家中的自由市民。相对于奴隶而言，他们有权、也有闲暇时间从事城邦国家的政务管理。因此，他们接受的教育是全面的：不仅包括文法、辩证

① ［美］保罗·奥斯卡·克利斯特勒：《意大利文艺复兴时期八个哲学家》，姚鹏、陶建平译，上海译文出版社1987年版，第183页。

法和修辞在内的人文学科（arts），也包括算术、几何、天文、音乐在内的自然学科（sciences）。[①] 教育史家们也通常将这种教育意译为博雅教育。这是一种培养受教育者全面发展的通才教育，也是近代早期人文主义教育思想家极力追求的教育目标。但人文主义教育思想家倡导的自由教育却是在中世纪确定下来，并获得发展的。

（一）中世纪自由教育模式的确立

中世纪是一个信仰的时代，其自由教育与基督教信仰休戚相关。随着基督教的到来与传播，基督徒应该如何处理异教文化与基督教信仰之间的关系？人通过理性获得的真理能否与神的启示获得的真理一致？希腊、罗马时期的异教教育内容应怎样适应基督教教育的需要？这些成为早期教父哲学家要解决的主要问题，也正是在解决这些问题的过程中，古典时代自由教育的传统被保存下来。

首先思考上述问题的是早期"拉丁教父"圣·哲罗姆（St. Jerome，约331—420年）。其经历集中体现了基督徒和基督教教师试图系统阐述基督教与异教学习课程的两难局面。圣·哲罗姆曾受教于罗马文法学家多纳特（Donatus），学习修辞学，后来在高卢成为一名神学学生。已经接受的基督教与异教文化，让他习惯于借助古典的著作阐释一些宗教问题。但神学和古典作品思想的冲突，给他带来精神上的危机。他放弃古典文化的学习，隐居到沙漠，思考神学与传统学科之间的联系：古罗马诗人贺拉斯与旧约圣经《诗篇》、维吉尔与新约圣经《福音书》、西塞罗与保罗，他们之间有些什么关系？[②] 他在思考这些问题的过程中，发现古典课本是不可缺少的，但他也因此受到良心的谴责。他也梦见自己在上帝审判席面前受到谴责：说他与其说是一名基督徒，不如说是西塞罗的信徒。[③] 在矛盾的心态中，他放弃了熟悉而且热爱的古典著作，转而学习希伯来文，以便学习《圣经》原文。他在"信仰"（基督教）与"理性"（希腊—罗马文化）的冲突中，选择了信仰。

之后，拉丁教父的代表人物圣·奥古斯丁（St. Augustine，约354—430年）提出可以从古典文化中汲取有用的知识为神学服务，调和了"信

---

① Kenneth Charlton, *Education in Renaissance England*, London: Routledge & Kegan Paul, 1965, p. 3.

② Ibid., p. 5.

③ Ibid.

仰”与“理性”的冲突，从而保留了自由教育的传统。奥古斯丁在皈依基督教之前，曾接受过良好的古典文化教育。皈依基督教后，在思考基督教信仰要不要、能不能吸收古典文化的问题时，奥古斯丁认为可以从古典文化中汲取有用的知识为神学服务，但对古典文化的汲取必须是有选择的。他认为文法、修辞学、逻辑学作为工具，可以为非基督教目的服务，也可以为基督教目的服务。因此，应该把它们作为形式保留下来，但内容要进行改编，要以圣经及其他宗教著作的内容补充、替代原有的非基督教文化内容。同样，算术、几何、天文、音乐等学科，也可以加以改编，使之服务于基督教信仰。具体做法是，奥古斯丁接受了古典文化，尤其是在希腊、罗马文学基础上的哲学和修辞学，但同时也从基督教作者中寻找例证。① 这一尝试为自由教育各科提供了基督教内容，同时也为古典文化的存在提供了正当的理由。

奥古斯丁将以神为本而非以人为本的价值取向融入古代学科知识，为中世纪西方教会提供了可行的教育方案。自由学科因信仰的需要而被保存下来。如公元5世纪的教育家马提亚努斯·卡佩拉（Martianus Capella）是自由教育制最早的提出人之一。他以奥古斯丁的教育方案为模本，建构了包括文法、修辞、逻辑、算术、几何、天文、音乐等自由教育内容的早期中世纪教育。② 这一教育模式经博提乌斯（Boethius，481—525年）、意大利威维尔僧院院长卡西奥多鲁斯（Cassiodorus，约490—585年）、塞维利亚主教伊西多尔（Isidore，600—636年）等人的论述得以确定下来。教育思想家博提乌斯视哲学为知识的总汇，将文法、修辞学、逻辑学视为哲学的工具，将算术、几何、天文、音乐视为通向智慧的途径，为中世纪的教育规定了基本框架。卡西奥多鲁斯著《神圣与人类学识概览》，涵盖僧侣必读的神学著作概要和七门必修学科概要。作者在书中正式使用“七艺”的名称，并详细介绍了“七艺”中各科的发展历史和代表性的人物及其观点，列出了值得收藏的书目。伊西多尔则第一次把“七艺”中的文法、修辞、逻辑定名为“三学”，把算术、几何、天文、音乐定名为“四学”，从而使作为中世纪学校主要课程的“七艺”定型。

---

① Kenneth Charlton, *Education in Renaissance England*, London: Routledge & Kegan Paul, 1965, p. 6.

② http: //en. wikipedia. org/wiki/Martianus_ Capella.

（二）中世纪自由教育与古典时代自由教育的区别

在新旧时代交替之际，经过拉丁教父和中世纪教育思想家的推动，自由教育模式在中世纪确立下来。但古典时代的自由教育与中世纪的“七艺”存在很大的区别。

古典时代的自由教育是为了自由民能够更好地参与城邦国家的管理而设置的七门自由学科，教育带有强烈的世俗功利性目的。如古希腊的修辞学家、教育家伊索克拉底（Isocrsates，前436—前338年）强调自由教育的目的在于教人掌握演辩的才能，培养雄辩家，以便他们能有效地参加政治生活。因此，他强调自由教育的内容主要包括修辞学、雄辩术，也包括文学、历史、地理、天文、几何等，旨在通过教育，将学生培养成能适应特殊环境、有能力解决突发问题、能掌握复杂的世俗事务、能作出正确决断的人。[①] 这也是近代早期人文主义教育思想家追求的教育理想。希腊的功利性教育影响了罗马教育的发展。古罗马演说家西塞罗（Cicero，前106—前43年）和昆体良（Quintilianus，约35—95年）继承了伊索克拉底的教育思想。西塞罗在《雄辩术》中论证了培养雄辩政治家的教育理想。他认为教育的最高目的在于培养政治活动家，但只有好的雄辩家才能成为好的政治活动家，而好的雄辩家必须是有文化的。因此，教育必须培养雄辩家。培养雄辩家的教育课程除了雄辩术本身以外，还应该包括文学、修辞学、历史、哲学和法学。其中，任何一科的学习必须服从培养雄辩家的总目的：学哲学是因为在演说、辩论时常常会接触到哲学命题；学历史是为了提供史实先例以加强论据。[②] 昆体良则强调道德教育的重要性：一个好的演说家首先是一个好人，只有一个道德高尚的人才能成为一个好的演说家。[③] 可见，古典时代的教育注重修养和演说才能，这一时期自由教育的内容相当广泛。罗马教育家瓦罗（Varro）曾草拟一份学校课程计划，内容除了涉及文法、修辞学、辩证法、算术、几何、音乐和天文学之外，还增加了医学和建筑学，形成自由教育的传统。

---

① Kenneth Charlton, *Education in Renaissance England*, London: Routledge & Kegan Paul, 1965, p. 4.

② 参见曹孚、滕大春等《外国古代教育史》，人民教育出版社1981年版，第83页。

③ Kenneth Charlton, *Education in Renaissance England*, London: Routledge & Kegan Paul, 1965, p. 5.

中世纪保留了希腊、罗马时期自由教育各学科的名称，但其教育目的、内容、性质则发生了明显的变化。中世纪注重从信仰的目的出发，重新阐释古典时代的自由教育。“学习文法是为了阅读《圣经》；学习修辞学目的在于掌握圣经书的文体，培养宣传教义的表达能力；学习辩证法是用来进行论战，攻击异端，维护宗教信条的权威；学习算术是为了计算宗教节日和祭典的日期。数字符号也各有其神学的含义，1 代表唯一的上帝，2 代表耶稣的神性和人性的双重性格，3 代表圣父、圣子、圣灵的三位一体，4 代表四个福音书的传道者，等等；学习几何可以用来设计和绘制教堂建筑的图样；学习天文可以用来占卜星象；学习音乐是为了举行宗教仪式时的演奏和唱圣诗等。”① 为神学服务的目的使得中世纪的自由教育渗透着神学的内容，中世纪神学成为所有学科的王后。因此，古典时代的七艺虽然被保存下来，但被保存的是被压缩、被贫乏化了的希腊—罗马文化与学问，而且被打上了深刻的神学烙印。

可见，相比古典时代具有强烈的世俗性和人本精神的自由教育而言，中世纪自由教育借用了古典作家的作品，糅合了宗教和世俗知识，为基督教信仰目的服务。到 10 世纪，经过教父哲学家和基督教教师的推动，这种融合了古典文化与基督教信仰的自由教育模式已经被广泛地接受，只是受教育者不再是自由人，而是修士。

（三）中世纪自由教育的发展

中世纪自由教育主要是在修道院中得以保存下来。上文提到的卡西奥多鲁斯（Cassiodorus）作为意大利威维尔修道院的院长，倡导通过教育提高教士的素质。为此，他在修道院建立图书馆，为使修道院变成文化机构作出了重大贡献。为了充实馆藏图书，他一方面收集各种文稿，涉及领域不仅包括宗教，而且包括文法、历史、地理、音乐、农业等方面。卢克莱修、瓦罗、西塞罗、维吉尔、贺拉斯等古典拉丁作家的作品，以及荷马、希波克拉底、盖伦、柏拉图、亚里士多德、欧几里得、阿基米得、托勒密等古希腊作者的文稿都被收藏。另一方面，他也责令修道院的修士抄写大量的经典著作，其中包括古典时代的作品。此举被后来的所有修道院仿效，成为修士修道的一项重要任务。“正是从修道院里的七艺教育开始，才为古典文化延续下来一息血脉；正是修道院内的修士们抄写古典文本，

---

① 滕大春：《外国教育通史》第 2 卷，山东教育出版社 1989 年版，第 12 页。

挽救古人思想的传统，才使得许多主要的基督教和异教著作幸免于消亡；正是卡西奥多鲁斯使这些古老的学问传统在修道院里找到了一个庇护所，因之修道院的学校和图书馆以及寺院缮写室成为西欧高等思想文化的主要机构。”①

中世纪早期自由教育经本尼狄克修道院的推广得到初步发展。本尼狄克（Benedict，480—547 年）在意大利卡西诺山上建立了蒙特卡西诺修道院，制定了《本尼狄克院规》，规定修士不仅要进行斋戒冥想、孤身修炼，还要从事耕种、抄写文献和承担教学工作。该院规在此后的两个世纪里，为西欧各地的许多修道院所遵守。在本尼狄克修会的很多修道院里，修士们每日读书，并收集各种书籍，在写字间复制手抄本。在修士们的努力下，本尼狄克会的图书馆藏书包括《圣经》、早期教父的作品、圣徒传、教会史和圣经评论，以及希腊、罗马作者写的非宗教书籍。如蒙特卡西诺修道院在繁盛阶段，拥有 70 余种书，主要包括神学和关于礼拜仪式的著作，但也有几种古典著作，如西塞罗的《论神的本性》、查士丁尼的《法学总纲》和《新律》、奥维德的《费斯提》和维吉尔的《田园诗》，还有特伦斯、贺拉斯、塞涅卡的著作，以及多纳特的文法学著作等。② 这些书籍成为修道院学校的主要教材，也是近代早期人文主义者收集的重要书籍。

修道院里保存下来的自由教育在中世纪后期经新型修会的推动得到大力发展。其中，克吕尼改革（Cluniac Reforms）打破了修道院生活的孤立主义，建立克吕尼修道院联盟，推动着书籍、思想在国际范围内进行交流与传播。分布在各地的西妥修会（Cistercian Order）之间也有着密切的联系，以本尼狄克院规整顿修道院内部的宗教生活，推动着融合了古典文化与基督教信仰的自由教育模式得到很好的阐释，自由教育获得相当程度的发展。如西妥修会的沙特尔学校在伯纳德（Bernard of Chartres）和蒂埃里（Thierry）等人的影响下，12 世纪成为自由学科研究的中心。伯纳德强调自由教育重要性的名言在中世纪引起了巨大的回响：“我们是站在巨人们肩膀上的侏儒。我们的视野比他们更宽广和更远大，不是因为我们目光更

---

① 田薇：《信仰与理性：中世纪基督教文化的兴衰》，河北大学出版社 2001 年版，第 57 页。

② 参见［美］查尔斯·霍默·哈斯金斯《12 世纪文艺复兴》，夏继果译，上海人民出版社 2005 年版，第 26 页。

尖锐，也不是因为我们身材更高大，而是因为他们把我们举了起来，并抬到同他们一样的巨大高度。”① 蒂埃里著《七艺之书》，全面反映了他所在时代自由七艺的知识。在这本书中自由七艺的各科都受到重视。他强调：“对各门学科理解得越完善，受到的影响越深刻，对古代作者们的正确思想也就把握得越全面，也就能更加透彻地继续传播这种思想。古人……创造出一种囊括全部艺术的画像类型。语法和诗歌互相交融，密不可分，并揭示出整个主题。在这个方面，逻辑学增添了论证的色彩，编织进它理性论断的金色标记；修辞学则通过动人的说服力与闪烁出智慧之光的雄辩再现了白银的清辉。数学乘坐着四驾马车，超过了其他学科的步履，并留下了它那丰富多彩的色彩与魅力。在数学解开自然的奥秘以后，物理学又为这丰富多彩的魅力添上它那微妙的色调。最后，哲学，所有分支中最高贵的伦理学，以其影响作品的威严凌驾于一切其他学科之上。没有伦理学，哲学就不再名副其实，所有其他学科都是通过这一重要学科而创造成功的。仔细研究维吉尔或琉善吧……你会发现一些合适的东西。”② 伯纳德和蒂埃里对自由教育的重视，既是中世纪自由学科发展的表现，也推动沙特尔学校成为古典文化复兴的中心。该校因此吸引了来自欧洲各地的学生，欧洲出现了“文艺复兴”的新现象。

中世纪后期，自由教育因主座教堂学校中逻辑学的发展而朝向理性化方向发展。12 世纪中叶以后，随着修道院地位的渐趋衰微，修道院教育的地位也受到挑战，主座教堂学校成为教育的中心。其中，巴黎圣母院主座教堂学校逐步取代了沙特尔修道院学校的影响力。巴黎圣母院主座教堂学校教育以逻辑学闻名。著名学者彼得·阿贝拉尔（Abelard，1074—1142 年）将逻辑学运用于神学研究中，以理性主义对上帝和三位一体学说的神秘性进行了辩证分析。如他在《是与否》中选取 156 个重大的神学和伦理学命题，在每一个问题之下，排列了两组相对立的引句：一组是肯定的，另一组是否定的，而且每一组都引自《圣经》或早期基督教作家的著作，都具有同等权威。阿贝拉尔对神学的研究，不是运用权威观点，而是先提出根本性问题，然后把权威文献上的答案一一罗列下来，自

① Kenneth Charlton, *Education in Renaissance England*, London: Routledge & Kegan Paul, 1965. p. 8.

② ［法］雅克·勒戈夫：《中世纪的知识分子》，张弘译，商务印书馆 1999 年版，第 9 页。

己不给出结论，而是让读者思考这些问题。这种研究方式意在说明信仰本身是自相矛盾的，从而鼓吹研究的风气，代替盲从的行为。他认为窜改字句或抄本错误会破坏《圣经》的权威性，当《圣经》与早期教父的作品相互矛盾时，必须以理性加以调和，恢复对《圣经》的权威。“通过怀疑我们开始探索，通过探索我们达到真理。”[①] 阿贝拉尔运用逻辑推理对神学问题进行辩证分析，这种具有创新精神的教学推动了自由七艺中逻辑学的发展，打破了中世纪早期自由教育中七艺的平衡，逻辑学成为核心课程。运用逻辑推理对神学问题进行辩证分析，吸引学生源源不断地前往巴黎求学，巴黎圣母院主座教堂学校发展成为巴黎大学，专门讲授自由七艺和神学。

中世纪后期逻辑学成为科学之中的科学，自由教育的发展进入逻辑推理的时代。经院哲学直接推动着逻辑学的发展。经院哲学可以从不同的角度加以界定，但从词源学角度而言，它是指中世纪学校中遵循的教学和学术方法，是一种逻辑的训练，它强调人类通过经验和推理所获得的知识与天启传授的知识是兼容的。阿贝拉尔将逻辑运用于神学研究中，建立一种辩证神学，为经院哲学铺平了道路。在他的影响下，他的学生彼得·隆巴尔德（Lombard）著《箴言集》（*Sentences*），严格按照重要性把所有最根本性的神学问题都罗列出来，每个问题都由《圣经》和基督教权威中印证出正反两方面的答案，随后对每一个问题都发表意见，孕育出完整的经院哲学方法。提议、反对和解决办法的三段论成为经院哲学通常采用的阐释方法。逻辑学在七艺教育中的显著地位推动着理性主义的形成。

纵观自由教育的发展历程，可以发现中世纪教育保留了古典时代自由教育的传统，而且中世纪后期经院哲学以缜密思维和激烈争论磨砺出理性主义的萌芽，为文艺复兴时期把人性从神性中解放出来提供了观念基础，也为教育思想发展到尊重人性的文艺复兴时代起到了铺石垫路的作用。从这个角度而言，近代早期人文主义教育与中世纪教育之间有着发展上的连续性。如果不深入了解中世纪教育，也就难以深入理解近代早期人文主义者提倡的自由教育思想。

---

① Kenneth Charlton, *Education in Renaissance England*, London: Routledge & Kegan Paul, 1965. p. 10.

二　中世纪的骑士教育（chivalric education）

上面所提到的由教会垄断的修道院学校教育、主座教堂学校的教育，甚至是在经院哲学推动之下发展起来的大学教育，都不能满足贵族、骑士的教育需求。贵族、骑士需要的是一种能实现骑士理想的教育。

骑士理想是中世纪贵族行为的完美榜样，涵盖四个方面的内容：军事技能、服务与忠诚、对女性的崇拜、宗教虔诚。在中世纪，战争是骑士生命中必不可少的部分，他们要时刻准备应封君之召，开赴战场，要为了封君的利益，洒尽最后一滴血。[①] 因此，掌握军事技能并参战是每一位骑士的主要责任。服务与忠诚是骑士必须遵守的准则。"服务"源于贵族对所处社会地位的认同。在中世纪欧洲封君封臣制度下，封臣的职责是为封君服务，并忠于封君。服务与忠诚因此成为骑士理想中不可或缺的部分。崇拜女性被认为是未来骑士性格发展中的重要部分。崇拜女性可以塑造出受教育者优雅的举止，纠正其粗俗的言行，培养出高雅的礼仪。[②] 而举止优雅、高贵是骑士的显著标志。在信仰的时代，骑士也应该遵守宗教圣礼，服从宗教的训诫。宗教虔诚成为骑士的宗教理想。虔诚的宗教美德与武士的荣誉、忠诚、勇敢等品质相融合，使贵族阶层逐渐形成了一套本阶层特有的精神信念与行为规范。

为了实现骑士理想，中世纪贵族推行骑士教育。与修道院学校、主座教堂学校等提供的正规教育相比，骑士教育既没有专设的教育机构，也没有专职的教育人员，主要是在贵族家庭中通过日常生活与社交活动进行言传身教，塑造骑士应有的品性，属于非正规教育的范畴。骑士教育大致分为三个阶段。

侍童阶段。贵族子弟在七八岁时被送到比自家社会地位更高的贵族家庭或宫廷中充当侍童，接受礼文教育。如布洛瓦的斯蒂芬（Stephen of Blois）在他的叔叔亨利一世宫廷中接受教育。[③] 该阶段的任务是学习服侍

① Mark Girouard, *The Return to Camelot: Chivalry and the English Gentleman*, New Haven and London: Yale University Press, 1981, p. 16.

② Albert William Parry, *Education in England in the Middle Ages*, London: W. B. Clive, 1920, p. 121.

③ Kenneth Charlton, *Education in Renaissance England*, London: Routledge & Kegan Paul, 1965, p. 17.

主人，与宫廷、上流社会的各种礼仪，偶尔也学习弹琴、唱歌、吟诗等。极少数侍童会学习识字，主要是拉丁语、法语。在此阶段，侍童要接受宗教教育，培养对宗教的虔诚；也学习骑术、赛跑、角力等，并进行“比武”训练。如在爱德华四世宫廷里有 6 名贵族小孩，他们要学习骑马、进行枪术比赛，也学习作为贵族的社交礼仪，尤其是就餐礼仪。此外还要学习拉丁语、法语等语言和其他有助于增进德行的知识，学习竖琴、吹箫和唱歌、跳舞。①

护卫阶段。贵族子弟在十四五岁时会经主人提拔成护卫，成为一名准骑士。其间，他将跟随主人学习骑士七技，即骑马、游泳、射箭、击剑、游猎、弈棋、作诗。② 作为侍从，他要照料男主人的生活起居，如为主人铺床叠被、穿衣、披挂铠甲、准备武器、养马等。晚上他要睡在主人之侧，以便发生战事时能侍应主人，保障主人的安全。本阶段末，他可以选择一名女性，吟诗跳舞，诚信相爱。

骑士阶段。在年满 21 岁时，贵族子弟将被授予骑士称号。骑士授职典礼展现了骑士的军事理想与宗教理想。候选骑士首先在祭坛上祈祷，坛上放着他的剑。然后进行淋浴，之后穿上黑色长筒袜、白长袍，躺在床上。再后，他被领到国王或大贵族面前，下跪并宣誓：“保卫教会，攻击不义，尊敬牧师僧侣，保护妇女与贫弱，保邦国之太平，洒热血以为其兄弟同胞，至最后一点为止。”③ 宣誓完毕，牧师退还其剑，并告诫其要扶助孤寡、惩治邪恶、固守德行。领主则以剑横拍其左肩，祝其勇猛；又拍其右肩，示其果敢；再用剑指其头顶，命其忠心不二。于是，礼成，正式宣布授予骑士称号。④

骑士教育在很大程度上是为了实现骑士理想，希望培养骑士优雅的礼仪，以及为荣誉献身的英雄气概、为信仰而亡的殉道精神。因此，骑士教育旨在培养完美的骑士，而非有文化的贵族。骑士教育忽视文化知识的学习，使现实生活中的骑士不可避免地存在着愚昧、野蛮的现象，与理想的

---

① Joan Simon, *Education and Society in Tudor England*, Cambridge & New York: Cambridge University Press, 1966, p. 10.

② 参见曹孚、滕大春等《外国古代教育史》，人民教育出版社 1981 年版，第 100 页。

③ ［美］格莱夫斯：《中世教育史》，吴康译，华东师范大学出版社 2005 年版，第 67 页。

④ Kenneth Charlton, *Education in Renaissance England*, London: Routledge & Kegan Paul, 1965, p. 19.

骑士之间存在很大的差距。中世纪贵族愚昧无知、逞强好胜的传统形象也成为近代早期教育改革家抨击中世纪教育的主要弊端之一。但从另一个角度而言，骑士教育，尤其是骑士誓约，维持着崇高的道德追求，具有极高的文化价值。它强调培养出熟悉战争艺术，具有强健的体魄，擅长体育技巧，风度优雅、勇敢、有自我克制能力，具有虔诚的宗教信仰的贵族。这也是近代早期人文主义教育的重要目标。骑士教育使骑士理想具体化成为近代早期英国人文主义教育的重要组成部分。与此相应，骑士教育的观念也成为人文主义教育思想的来源。

第二节　意大利人文主义——英国人文主义教育思想的起源

英国人文主义教育思想产生于都铎时期，是人文主义运动经历了一个多世纪的发展之后在教育领域出现的一种新思潮。人文主义的兴起与发展是人文主义教育思想形成的基础。而英国人文主义的兴起与早期发展深受意大利人文主义的影响。从这个层面而言，意大利人文主义在英国的传播成为英国人文主义教育思想形成的起源。

意大利对英国人文主义的影响主要表现在：意大利人文主义者旅居英国，大贵族对意大利人文主义者的文化庇护，以及英国早期人文主义者到意大利游学。大贵族与人文主义学者的努力为英国带来了人文主义思想和大量的人文主义书籍，推动着英国人文主义教育思想的诞生。

一　意大利人文主义者在英国

人文主义运动首先发生于意大利，并从14世纪末15世纪初期开始逐渐传入英国。意大利人文主义向英国的传播最初是通过在教廷中任职的人文主义者实现的。意大利人文主义运动在兴起、发展的过程中得到教廷的庇护，一些著名的人文主义者纷纷在教廷中任职。如在中世纪后期欧洲召开的两次重要宗教会议中都可以发现人文主义者的身影和影响。15世纪初期，欧洲召开了一场旨在结束东西方宗教分裂局面的康斯坦茨会议（the Council of Constance），意大利著名人文主义者波奇奥（Poggio Bracciolini，1386—1459 年）就曾以教会职员的身份参加这次大会。[①] 波奇奥也正是在这次会议中遇见了英国大主教亨利·博福特（Henry Beaufort），并于会议结束后受邀来到英国，英国人文主义运动由此兴起。[②] 在 1438—1439 年的费拉拉—佛罗伦萨宗教会议上，著名的人文主义学者，如克里索洛拉斯（Manuel Chrysoloras）、特拉韦尔萨里（Ambrose Traversari）、格里诺（Guarino Da Verona）、阿雷提诺（Leonardo Aretino）、尼科利（Niccolò de'Niccoli）和贝萨里昂（John Bessarion）、波奇奥（Poggio），甚至其他一些不太著名的人文主义者也都作为东西方教会代表参加了会议。[③] 贝萨里昂因为卓越的才能在会议结束后出任红衣主教之职。事实上，随着意大利人文主义的发展，古典拉丁语知识逐渐成为教廷官员的必备知识。有古典文化基础的人文主义者得以进入教廷任职。如波齐奥（Poggio Bracciolini）、韦尔杰里奥（Pietro Paolo Vergerio）、洛斯基（Antonio Loschi）、比翁多（Flavio Biondo）和布鲁尼（Leonardo Bruni）都曾在教廷枢机处担任秘书。[④] 人文主义者入职教廷，不仅改变了教廷的精神风貌，也让他们自己有机会作为教廷官员出使欧洲各国，将意大利半岛上盛行的新文化传向欧洲其他国家。人文主义者以教廷官员身份出使欧洲各国，是意大利人文主义向欧洲传播的重要途径，也是文艺复兴时期意大利人文主义知识运动演变为欧洲知识运动的重要途径。

英国人文主义新文化的出现也源于这些具有人文主义思想的教廷官员的大力传播。他们作为罗马教廷秘书、收税官或特使等旅居英国，在履行圣职的同时，也向英国传播了人文主义新文化。其贡献主要体现在以下方面。

首先，在旅居英国期间，他们传播人文主义新文化、收集古典文化作品，推动英国人文主义运动的兴起。如波奇奥是 15 世纪意大利人文主义运动的代表人物之一。他曾发现了昆体良的《雄辩术原理》，有力地推动

---

① 参见［美］布莱恩·蒂尔尼、西德尼·佩因特《欧洲中世纪史》，袁传伟译，北京大学出版社 2011 年版，第 554 页。

② Roberto Weiss, *Humanism in England during the Fifteenth Century*, Oxford: Blackwell, 1941, p. 13.

③ J. W. Bennett, "Andrew Holes: A Neglected Harbinger of the English Renaissance", *Speculum*, Vol. 19, No. 3, Jul. 1944.

④ Roberto Weiss, *Humanism in England during the Fifteenth Century*, Oxford: Blackwell, 1941, p. 23.

了意大利人文主义的研究。旅居英国期间，他怀着极大的热情在英国收集文物古迹，并希望向英国人传授在意大利新生的人文主义文化。不过从他后来的回忆来看，无论是在英国收集古典文化典籍，还是向英国人传授人文主义思想，似乎都不太顺利。他认为，“英国学生更喜欢思辨经院哲学而不是新学问”。[①]尽管如此，波奇奥对英国人文主义兴起所作的贡献也是不容忽视的。正是因为他的到来，极少数英国人，如亨利·博福特的法律顾问尼古拉斯·比尔德斯通（Nicholas Bildestone）和秘书理查德·佩特沃斯（Richard Petworth）才有机会接触到人文主义思想，成为英国早期人文主义者。波奇奥旅居英国期间，也与格罗斯特郡的汉弗莱公爵（Humphrey of Gloucester）和其他大贵族联系，向他们传播人文主义文化。因为他对人文主义在英国的传播作出了开创性贡献，韦尔斯在《15 世纪英国人文主义》一书中，将波奇奥到英国视为英国早期人文主义运动的开端。

像波奇奥一样，西蒙·德·特拉蒙（Simon de Trarmo）、樊尚·克莱门特（Vincent Clement）、扎诺内·卡斯蒂里昂（Zano Castiglione）和皮耶罗·德尔·蒙特（Piero del Monte）等人文主义学者也曾以教会官员的身份来到英国。在旅居英国期间，他们不仅作为教皇派驻英国的代表与英国教俗两界的精英就宗教事务进行官方会晤，而且还就感兴趣的古典文化知识进行交流。他们在英国的生活推动了意大利人文主义思想在英国的传播。在这个群体中，对人文主义思想传播作出重要贡献的人是皮耶罗·德尔·蒙特。

蒙特是威尼斯人，曾在意大利讲授人文主义新知识的格里诺学校接受教育，1435—1440 年作为教廷收税官被派驻英国。在英国任职期间，他与圣·奥尔本斯修道院院长惠萨姆斯蒂德（John Whethamstede）交往甚密。正是在与蒙特交往的过程中，惠萨姆斯蒂德获得意大利人文主义者的作品，习得古典文化知识。蒙特对惠萨姆斯蒂德之人文主义思想形成产生的影响，可以从他写给这位修道院院长的两封信件中得以表现。1437 年 10 月 1 日，蒙特将 15 世纪初期意大利著名人文主义者布鲁尼翻译的普鲁塔克所著《希腊罗马名人传》寄给惠萨姆斯蒂德，并随书附信一封，许

---

① Kenneth Charlton, *Education in Renaissance England*, London: Routledge & Kegan Paul, 1965, p. 43.

诺以后将为之收集更多人文主义者的著作。[①] 我们不知道蒙特在以后的生活中是否履行了或在多大程度上履行了对这位修道院院长的承诺，但可以肯定的是两人从此以后建立了密切的联系。他们之间有着频繁的思想交流，会就双方感兴趣的古典文化知识进行讨论。第二封信的存在说明了这个问题。1439 年 9 月，蒙特将一本在欧洲大陆刚刚问世的拉丁语版本的《对话集》送给惠萨姆斯蒂德，并附送一封用拉丁文写的信。信的大致内容是希望听听惠萨姆斯蒂德本人对这本书的意见，并趁机提出希望能有机会借阅圣·奥尔本斯修道院收藏的一本古典时代的史学著作：约瑟夫斯的手稿。在信的结尾部分，蒙特再次许诺将继续为这位院长收集更多的人文主义作品，也希望有机会造访奥尔本斯修道院，与他相互切磋、讨论古典文化。[②]

可以说，蒙特培养了惠萨姆斯蒂德对古典文化的兴趣，也启发了惠萨姆斯蒂德的人文主义思想。在蒙特的影响下，惠萨姆斯蒂德将色诺芬、普鲁塔克、昆体良等古典作家的作品以及萨卢塔蒂（Coluccio Salutati）、布鲁尼等意大利人文主义者的作品进行节选，著成一本《作品集汇编》。[③] 这本书成为英国早期人文主义研究的主要成果。

与意大利人文主义者以及 16 世纪英国人文主义者的著作相比，惠萨姆斯蒂德对古典时代的作品、对意大利人文主义著作的兴趣仅仅在于将它们作为一种新文化现象和学术动态进行介绍，而不是像意大利人文主义者那样，注重古典作家和人文主义者作品的风格，以及这些作品体现的精神内涵。因此，他的作品主要是介绍当时在意大利已经发现的古典时代的作品以及早期人文主义者的主要著作，没有从审美、哲学、伦理等角度阐述这些著作体现的内涵，也很少介绍人文主义者提倡的教学方法。可以说，惠萨姆斯蒂德的作品对人文主义作为一种思想运动进行阐释所作的贡献是非常有限的，但他的作品却增进了英国人对意大利人文主义以及西塞罗风格的了解，在一定程度上激起了那个时代的人学习人文主义知识的兴趣。

其次，意大利人文主义者出任英国王室、贵族的秘书、家庭教师或宫

---

① Roberto Weiss, "Piero del Monte, John Whethamstede, and the Library of St. Albans Abbey", *The English Historical Review*, Vol. 60, No. 238, Sep. 1945.

② Ibid.

③ Kenneth Charlton, *Education in Renaissance England*, London: Routledge & Kegan Paul, 1965, p. 43.

廷诗人等职务，积极推动人文主义思想在英国的传播。自中世纪以来，拉丁语就是欧洲公用的语言，是秘书、教师等职业必须具备的知识。早期人文主义者由于十分崇拜以拉丁文写作的古典文化，因此，他们大多精通拉丁语，并崇尚优美的笔调与语言，注重修辞。这种新的文风，使得大多数人文主义者得以有机会出任意大利各王室、贵族的秘书之职。如德森布里奥（Pier Candido Decmbrio）1440 年担任米兰公爵的秘书。[①] 但到 15 世纪 30 年代，意大利人文主义运动已经发展到鼎盛时期，大量人文主义者纷纷涌现。随着人文主义学者人数增加，意大利职业市场出现结构性变化，除了著名人文主义者容易受雇于国内大贵族，获得较好的职业前景与丰厚的报酬外，普通人文主义者往往难以找到合适的雇主，难以找到理想的职业。面对这样的局势，年轻一代的人文主义者作出积极的回应，他们寻求在意大利以外的国家任职，并将在国外任职的经历作为提高知名度、回国寻求稳定工作的砝码。意大利人文主义运动的发展推动着越来越多的人文主义者走出国门，在意大利以外的欧洲其他国家寻找工作，在客观上推动了意大利人文主义在英国的传播。下文将要详细考察的意大利人文主义者蒂托·利维奥·弗鲁洛维西（Tito Livio Frulovisi）、安东尼奥·贝卡里（Antonio Beccari）等人都是这类文化现象的典型例证。

最后，意大利人文主义者也到英国大学授课，传授人文主义知识，传播人文主义思想。早期到英国大学传授人文主义新学的是意大利圣方济各会修士、早期人文主义者洛伦佐·特拉弗萨格里（Lorenzo Traversagni）。他于 1478 年受聘于剑桥大学。[②] 特拉弗萨格里出身于意大利一个贵族家庭。20 岁时，他已经非常精通文法、逻辑、修辞和古典文学，并加入圣方济各会，后来又跟随有着人文主义思想的教皇西克斯图斯四世继续学习几年。25 岁时，他先后在意大利帕都亚大学和波隆那大学主攻逻辑学、哲学、神学与教会法；此后，他又先后在剑桥、巴黎等著名大学讲授神学，并大量撰写关于祷告、婚姻、基督的胜利、仁爱等方面的书籍。但在特拉弗萨格里的所有著作中，最有影响的是一部人文主义著作《新修辞学》（*Nova Rhetorica*）。该书在 1478 年 6 月 6 日完成于剑桥大学，颇受欢

---

① Susanne Saygin, *Humphrey, Duke of Gloucest (1390 - 1447), and the Italian Humanists*, Leiden: Brill, 2002, p. 258.

② Alan B. Cobban, *The Medieval English Universities: Oxford and Cambridge to c. 1500*, Berkeley-Los Angeles &London: University of California Press, 1988, p. 248.

迎。尽管特拉弗萨格里是作为神学讲师受聘于剑桥大学主讲神学问题，但正如上文所显示的，他拥有渊博的人文主义知识，是一名“彻底的西塞罗主义者”。[①] 特拉弗萨格里在剑桥大学授课，表明15世纪末英国大学里人文主义学习兴趣在增强。

曾在英国大学讲授人文主义新学的另一名意大利学者是米兰的人文主义者、拉丁语诗人斯特凡诺·苏里戈内（Stefano Surigone）。1454—1471年，他在牛津大学讲授拉丁语、希腊语文法和修辞学。[②] 此外，约翰·多格（John Doger）也曾到英国大学讲学。多格对人文主义颇有研究，曾写了一部关于古典学者柏拉图《斐多篇》的评注，将古典文化运用于宗教信仰中。1473—1486年，他在剑桥大学讲授柏拉图的《斐多篇》，传授人文主义知识。1499年，他甚至成为剑桥大学国王学院院长。同一时期，意大利人文主义者科尔内利奥·维泰利（Cornelio Vitelli）也到英国大学讲学。1482—1487年，维泰利任三一学院讲师。1490—1492年，他在牛津大学专门讲授希腊语等人文主义新学。[③] 英国早期人文主义者威廉·格雷（William Grey）当时正在牛津大学莫德林学院（Magdalen College）担任神学讲师，可能通过维泰利接触了希腊语。后来格雷前往意大利佛罗伦萨学习，回国后于1491—1493年在牛津大学埃克塞特学院（Exeter College）主讲希腊语。[④] 意大利人文主义者、诗人盖厄斯·奥贝里诺（Caius Auberinusl）也在英国大学讲授古典作品。在1492—1493年和1503—1504年，他被聘为剑桥大学讲师，讲授特伦斯（Terence）的喜剧和其他古典作品。[⑤]

这些学者在讲学过程中，将人文主义研究引进到大学，讲授修辞学、拉丁文和希腊语以及意大利人文主义者关于文法和修辞学的专题论文、信件、演说和诗歌等。人文主义思想在大学中的传播，有力地推动了人文主义思想的传播，培养了一批具有新思想的人文主义者，促进英国人文主义运动的开展。

---

① Wilbur Samuel Howell, *Logic and Rhetoric in England, 1500 - 1700*, Bristol: Thoemmes Press, 1999, p. 80.

② Alan B. Cobban, *The Medieval English Universities: Oxford and Cambridge to c. 1500*, Berkeley-Los Angeles &London: University of California Press, 1988, p. 248.

③ Ibid., p. 247.

④ Ibid., pp. 247 - 248.

⑤ Ibid., p. 248.

二　大贵族对意大利人文主义者的文化庇护

意大利人文主义者在英国的生活、工作经历推动了英国早期人文主义运动的兴起。但推动意大利人文主义新文化向英国全面传播的不是意大利学者，而是英国大贵族。正如现代学者彼得林娜（Alessandra Petrina）在研究 15 世纪英国政治文化时所言，在英国早期人文主义运动中，一些重要人物并不是学者或人文主义作者，而是君主、政治家。[①] 他们通过对意大利人文主义学者的保护与赞助，充当了意大利与英国人文主义运动的纽带，推动意大利人文主义在英国的传播与接受。中世纪后期，这类例子中最典型的是汉弗莱公爵。

汉弗莱公爵（Duke of Humphrey，1390—1447 年）是兰开斯特王朝时期的一位王室显贵。他是亨利四世的儿子、亨利五世的弟弟、亨利六世的叔父，并在亨利五世去世后，受托担任亨利六世的摄政王，权倾一时。汉弗莱公爵曾利用自己的政治地位与社会地位，极力赞助、保护人文主义新文化，在意大利人文主义向英国的传播与接受中发挥了重要作用，被认为是英国"人文主义之父"[②] 和"阿尔卑斯山以北诸国中最著名的文化庇护人"。[③] 汉弗莱公爵的主要贡献是对意大利人文主义者给予文化庇护，推动英国人文主义运动的兴起。

文化庇护（literary patronage）是欧洲文化领域中一个古老的习俗，是中世纪庇护关系的重要组成部分。庇护关系是社会地位较高的人（庇护人）为社会地位较低的人（被庇护者）提供保护与经济资助，被庇护者向庇护人提供支持与服务而形成的一种关系。[④] 依此而论，文化庇护是社会地位较高的庇护人对处于社会地位相对低的学者文人的保护与支持。它是传统社会中文化发展的重要推动力，也是意大利人文主义向英国传播的重要保障。

文化庇护活动涉及庇护人与被庇护者之间双边关系，即被庇护者通过

---

① Alessandra Petrina, *Cultural Politics in Fifteenth-Century England—The Case of Humphrey, Duke of Gloucester*, Brill: Leiden, 2004, p. 7.

② Jonathan Woolfson, *Reassessing Tudor Humanism*, New York: Palgrave Macmillan, 2002, p. 23.

③ Susanne Saygin, *Humphrey, Duke of Gloucest (1390 - 1447), and the Italian Humanists*, Leiden: Brill, 2002, p. 9.

④ Sharon Kettering, "Patronage in Early Modern France", *French Historical Studies*, Vol. 17, No. 4, 1992.

为庇护人提供文化服务获得经济回报或职业提升，而庇护人则在这种关系中实现文化追求。它也涉及庇护人—文化代理人—被庇护者的多边互惠关系。[①] 在多边互惠关系中，文化代理人“作为上一级的被庇护者和下一级的庇护者”，“拥有自己的资源，拥有一定的权力，可以向社会底层群体提供庇护，同时又将社会底层群体及其资源转化为自己的资源，从上一级的庇护者那里获得恩惠”。[②] 他们通过充当庇护人与被庇护者之间交流的桥梁，实现自己的利益追求。汉弗莱公爵的文化庇护活动也围绕这两个方面展开。

（一）委托文化代理人收集图书

书籍是思想传播的重要途径，是意大利人文主义向英国传播的主要媒介。在印刷术还没有普及、书籍很少的背景下，汉弗莱公爵先后委托四位文化代理人收集古典著作，促进了意大利人文主义在英国的传播。

第一位文化代理人是蒙特（Piero del Monte）。蒙特除上文所述，与教俗大贵族多有交往，向他们介绍人文主义新文化之外，更主要的是充当了汉弗莱公爵的文化代理人。蒙特撰写具有人文主义性质的书籍《善与恶》，并将之献给公爵。通过这本书，汉弗莱公爵了解书中的主人公——意大利著名人文主义者格里诺，也领略到了人文主义新文化的魅力。[③] 逗留英国期间，蒙特与汉弗莱公爵建立了纯真的友谊，充当了公爵在人文主义文化品位方面的顾问。他向公爵讲述意大利文化界的最新趋势，培养了公爵对人文主义的兴趣。不仅如此，蒙特也致信意大利人文主义者特拉韦尔萨里（Ambrogio Traversari）希望他将自己的作品献给公爵[④]，即便后来回到意大利，蒙特也依然为汉弗莱公爵从意大利寄送手稿。蒙特的文化活动扩大了公爵的文化视野，培养了公爵对人文主义文化的兴趣。

第二位文化代理人是扎诺内（Zanone da Castiglione）。扎诺内是法国巴约地区主教，曾作为教廷官员出使英国。扎诺内是15世纪意大利著名的文化赞助人、红衣主教布兰达的侄子。凭借家族的影响，他成为欧洲一

① Susanne Saygin, *Humphrey, Duke of Gloucest (1390 - 1447), and the Italian Humanists*, Leiden: Brill, 2002, p. 139.

② 陈尧：《政治研究中的庇护主义——一个分析的范式》，《江苏社会科学》2007年第3期。

③ Roberto Weiss, *Humanism in England during the Fifteenth Century*, Oxford: Blackwell, 1941, p. 25.

④ Ibid., pp. 25 - 26.

位非常有影响力的文化代理人。1437 年，在巴塞尔宗教会议（1431—1449 年）上，汉弗莱公爵认识了扎诺内，委托他“尽可能多地购买书籍，尤其是布鲁尼和格里诺的作品”。[①] 回国后，扎诺内为公爵购买大量希腊语版和拉丁语版书籍，并鼓励意大利、法国等欧洲大陆国家人文学者将自己的新作献给公爵。为了尽可能多地收集图书，扎诺内利用叔父的影响力，对学者们许诺：凡有最新书籍献给公爵者，将有机会由布兰达主教推荐在教会中任职。[②] 因此，一些学者纷纷献出自己撰写或翻译的作品，或者是自己收集到的拉丁语、希腊语原著。如年轻的人文主义者拉波（Lap da Castiglionchio）将自己翻译的一本与战争有关的拉丁语版论文集和《普鲁塔克传记》及伊索克拉底的演说词献给汉弗莱公爵。[③] 拥有丰富的人文主义知识的医生——帕奇诺（Antonio Pacino）也将自己翻译的普鲁塔克的《盖乌斯·马略》及其他作品献给公爵。[④] 经过这番努力，扎诺内到英国时“送给公爵大量的古典著作与人文主义手稿”。[⑤] 作为文化代理人，扎诺内不仅为公爵收集图书，也与意大利学者广泛交往，向他们大力宣传汉弗莱公爵的学识与对人文主义者的慷慨赞助，从而扩大了公爵在意大利学术圈的知名度。到 15 世纪中叶，汉弗莱公爵在罗马、佛罗伦萨、那不勒斯、米兰等地已经成为家喻户晓的人物。[⑥]

公爵最重要的文化代理人是德森布里奥（Pier Candido Decmbrio）。德森布里奥学识渊博，是意大利著名人文主义者，曾先后担任米兰君主维斯孔蒂（Filippo Maria Visconti）和斯福尔扎（Francesco Sforza）的秘书。德森布里奥翻译了相当多的古典作品，既有希腊语作品，也有拉丁语作品，

---

① Mario Borsa, "Correspondence of Humphrey Duke of Gloucester and Pier Candido Decembrio", *The English Historical Review*, Vol. 19, No. 75, Jul. 1904.

② Susanne Saygin, *Humphrey, Duke of Gloucest (1390 - 1447), and the Italian Humanists*, Leiden: Brill, 2002, p. 158.

③ Roberto Weiss, *Humanism in England during the Fifteenth Century*, Oxford: Blackwell, 1941, pp. 50 - 51.

④ Susanne Saygin, *Humphrey, Duke of Gloucest (1390 - 1447), and the Italian Humanists*, Leiden: Brill, 2002, p. 144.

⑤ Roberto Weiss, *Humanism in England during the Fifteenth Century*, Oxford: Blackwell, 1941, p. 53.

⑥ Mario Borsa, "Correspondence of Humphrey Duke of Gloucester and Pier Candido Decembrio", *The English Historical Review*, Vol. 19, No. 75, Jul. 1904.

还写了几本书，最著名的是《维斯孔蒂传》。[①] 经扎诺内推荐，德森布里奥将自己翻译的柏拉图的《理想国》献给公爵，受到公爵的认可，得以成为1439—1444年公爵在意大利的文化代理人，承担起为公爵收集人文主义作品的任务。1440年初，公爵将自己已经收藏的书籍列出清单，要求德森布里奥参照意大利已有书籍，尽可能多地购买书单中没有的书籍。应公爵的要求，德森布里奥列出了至少100本重要的书籍。[②] 这些书籍不仅包括当时意大利流行的书籍，而且也包括意大利最新问世的书籍。考虑到部分书籍无法购买，德森布里奥建议公爵请人进行抄写、翻译工作。公爵采纳德森布里奥的建议，委托他依据书单购买、抄写、翻译书籍。应公爵的要求，德森布里奥先后为公爵收集了40多册图书。[③] 德森布里奥的工作，让汉弗莱公爵不仅对意大利人文主义作品有了较全面的了解，也尽可能全面地收集了意大利人文主义作品，将许多在英国不曾出现的古典作品引进英国，扩大了英国人文主义研究的资料来源。

还有一位文化代理人塔伦蒂（Milanese Rolando Talenti）也是一位学识渊博的古典学者。他曾在红衣主教布兰达创办的人文主义学校接受过教育，后来担任扎诺内的秘书，具体负责扎诺内为汉弗莱公爵收集图书的事宜。

通过文化代理人，大批在意大利非常著名的作品，以及部分在意大利新问世的作品因公爵的庇护传入英国，推动英国人文主义运动的兴起。

（二）聘用意大利人文主义者为秘书

中世纪后期的秘书不仅为庇护人处理日常事务，也充当庇护人对外事务的代言人，在庇护人政治生活中扮演着重要角色。而且，在前工业社会的官员任用制度下，他们往往会因庇护人的提拔踏上仕途。因此，出任秘书之职是学者们非常重要的职业选择。如前所述，一些著名人文主义者纷纷在教廷枢机处或大贵族家中任职。

公爵试图聘请的首任意大利籍秘书是布鲁尼（Leonardo Bruni）。15

① Mario Borsa, "Correspondence of Humphrey Duke of Gloucester and Pier Candido Decembrio", *The English Historical Review*, Vol. 19, No. 75, Jul. 1904.

② Roberto Weiss, *Humanism in England during the Fifteenth Century*, Oxford: Blackwell, 1941, p. 58.

③ W. L. Newman, "The Correspondence of Humphrey, Duke of Gloucester and Pier Candido Decembrio", *The English Historical Review*, Vol. 20, No. 79 , Jul. 1905.

世纪上半叶，布鲁尼在英国已经非常闻名。[①] 尤其是他用古典拉丁语翻译的亚里士多德的《伦理学》给公爵留下了深刻的印象。1433 年，公爵致信布鲁尼，盛赞该书翻译得典雅晓畅，希望他能翻译亚里士多德的《政治学》，并邀请布鲁尼担任自己的秘书。能够得到公爵的赏识与邀请，对布鲁尼来说是非常荣幸的事情。但布鲁尼当时在教廷枢机处任职，有着很高的职业地位，收入也很稳定，所以他谢绝了汉弗莱公爵的邀请。不过，他也致信公爵，宣称很乐意为公爵翻译《政治学》，并在信中附上自己翻译的所有作品，许诺可以将这些书籍献给公爵。1437 年，布鲁尼将翻译的《政治学》也献给了公爵。[②] 公爵邀请布鲁尼为秘书的希望虽然落空，但却因此较全面获悉、收藏了布鲁尼的作品。布鲁尼的大部分作品在 15 世纪也因此被引进英国，并被反复抄录。

公爵第一任意大利籍秘书是弗鲁洛维西（Tito Livio Frulovisi）。经文化代理人蒙特的推荐，弗鲁洛维西前往英国。弗鲁洛维西是费拉拉人，与蒙特同为意大利著名人文主义学校——格里诺学校的学生。来英国之前，弗鲁洛维西在意大利已经小有名气。他曾创作拉丁语版的喜剧《圣乐》。作为公爵的秘书，弗鲁洛维西负责处理公爵的拉丁语信件，代表公爵与意大利人联系，被称为公爵的“诗人兼演说家”。[③] 业余时间，弗鲁洛维西按照公爵的旨意创作了两部喜剧：《旅行》与《尤金一世》，以及一部历史剧《亨利五世》。其中《尤金一世》“是英国首次创作的具有文艺复兴时期风格的喜剧”。[④] 该剧完稿后，在公爵家里上演，贵族们争相观看，并感受到了人文主义文化的魅力，产生轰动效应。而《亨利五世》着重描写了英法百年战争中，亨利五世在对法战争中的英雄行为，激发了英国人的爱国热情。

除了文化创作的任务之外，弗鲁洛维西也依据公爵的要求，将部分希腊语作品翻译成拉丁语。公爵收藏了大量古典作品，这些作品是希腊、罗马学者用自己的母语写作而成的。因此，要阅读、欣赏古典作品，首先需

---

① Roberto Weiss, “Leonardo Bruni Aretino and Early English Humanism”, *The Modern Language Review*, Vol. 36, No. 4, Oct. 1941.

② Roberto Weiss, *Humanism in England during the Fifteenth Century*, Oxford: Blackwell, 1941, p. 48.

③ Ibid., p. 42.

④ B. L. Ullman and Duck Humphrey, “Manuscripts of Duke Humphrey of Gloucester”, *The English Historical Review*, Vol. 52, No. 208, Oct. 1937.

要熟悉希腊语与古典拉丁语。中世纪以来的学校教育使用的是拉丁语，英国很少有人懂希腊语。为了能理解希腊语作品的精神，公爵授意弗鲁洛维西将希腊语作品翻译成拉丁语。弗鲁洛维西为公爵翻译了几本希腊语作品。但公爵对这些作品不太满意，认为作者的“拉丁语太通俗，希腊语又太浅显”。[①] 最终解除了与弗鲁洛维西的庇护关系。

公爵聘请的第二位意大利籍秘书是贝卡里亚（Antonio Beccaria）。弗鲁洛维西回国后，汉弗莱公爵再次经蒙特推荐，聘用贝卡里亚为秘书。贝卡里亚是意大利著名人文主义者维多里诺（Vittorino da Feltre）的学生，有着较丰富的人文主义知识。他于 1438 年底来到英国，出任汉弗莱公爵的秘书之职，直至 1445 年。在七年的秘书生涯中，除了处理日常事务之外，他也从事文化活动。如为主人处理拉丁文语信件，以公爵的名义与意大利学者交流，尤其负责处理公爵与德森布里奥之间的书信往来。此外，贝卡里亚也负责为公爵翻译书籍。从担任公爵的秘书开始，他就受公爵的委托翻译古典作家普鲁塔克、亚他那修等人的作品。此后，又将一些希腊语作品和薄伽丘的部分作品翻译成拉丁语。[②] 贝卡里亚还负责为公爵抄写一些在市场上买不到的书籍，并将公爵收藏的所有书籍进行归类整理。[③] 在英国任职期间，贝卡里亚也与意大利学术圈保持密切联系，为汉弗莱公爵购买书籍。他曾致信远在意大利的学者，让他们帮忙为公爵收集意大利新问世的希腊语译著。[④]

中世纪英国与意大利路途遥远，交通不畅，文化交流十分困难，汉弗莱公爵通过委托意大利人文主义者为文化代理人或聘请意大利人文主义者为秘书等途径将意大利出现的新学问与新精神较全面地引进英国，缩小了意大利与英国人文主义之间的差距。

三　英国早期人文主义者在意大利

15 世纪，意大利人文主义运动已经发展到繁荣阶段。这一时期意大利不仅大学教育相比北欧国家来说更强调逻辑学、修辞学等世俗学科，也

---

① Roberto Weiss, *Humanism in England during the Fifteenth Century*, Oxford: Blackwell, 1941, p. 43.

② Ibid., pp. 45 – 46.

③ Ibid., p. 46.

④ Ibid.

出现了一些著名的人文主义学术团体，如美蒂奇家族庇护之下的人文主义学术团体，和15世纪希腊语文学的发现与复兴。这些文化现象在意大利造成了轰动性效应，让意大利文化在欧洲享有极高的声誉。

在旅居英国的意大利人文主义者的宣传、大贵族的文化庇护之下，最先接触到意大利人文主义文化的一群人为了更直接、更全面地感受人文主义新文化，纷纷走出国门，前往意大利。15世纪中叶以后，英国由此出现了一个到意大利学习人文主义新文化的文化群体，其成员主要包括：伍斯特郡的蒂普托夫特（John Tiptoft）伯爵、约翰·弗里（John Free）、罗伯特·弗莱明（Robert Flemming）、约翰·冈瑟普（John Gunthorpe）、威廉·格雷（William Grey）等。[①] 他们都是牛津人，都曾在牛津大学接受过人文主义启蒙教育，因对新学问的热爱而留学海外，是英国新文化运动的开拓者。他们在旅居意大利期间往往遍访名师，也大量购买人文主义书籍，甚至誊写古希腊语作家的作品，并在回国时将这些古典时代作品或早期人文主义者的作品带回国，推动着英国人文主义运动的兴起。其活动主要表现在以下方面。

在意大利留学期间，英国早期人文主义者往往遍访名师，并最终大多师从著名人文主义教师格里诺（Guarino Da Verona），学习人文主义文化。如威廉·格雷（William Grey）是英国一位有着王族血统的贵族，也是格里诺的第一位英国学生。格雷原本在科隆大学学习逻辑学和神学，当他意识到只有在意大利才能学到地道的新文化之后，他翻越阿尔卑斯山到佛罗伦萨购买人文主义书籍。然后，他去帕多瓦大学学习，在那里听说格里诺作为著名人文主义教师的名望后，就前往格里诺所在的费拉拉大学拜师学习。[②] 其他人文主义者也有类似的经历。如蒂普托夫特（John Tiptoft）是从巴勒斯坦回国后专程到费拉拉拜格里诺为师的。[③] 与格里诺同时代的一名学者卡尔博（Ludovic Carbo）见证了这一点，他指出一些人文主义者克服各种困难，从英国来到意大利簇拥在格里诺周围，听他讲授古典文化。[④]

---

① Lewis Einstein, *The Italian Renaissance in England*, New York: The Columbia University Press, 1902, p. 17.

② Ibid., p. 19.

③ Ibid.

④ Ibid.

在意大利留学期间，早期人文主义者也与著名人文主义者广泛接触，加入意大利人文主义学术圈，开阔学术视野。如安德鲁·霍尔兹（Andrew Holes）1429年前往罗马，直到1444年底才回国。在旅居意大利期间，霍尔兹参加了费拉拉—佛罗伦萨宗教会议，与当时著名的人文主义者们进行近距离接触与交流。这次著名的宗教会议主要讨论希腊教会与拉丁教会联合的问题，罗马教皇尤金四世、东罗马皇帝约翰八世都率领众多高级神职人员与会。1439年7月东西方教会宣布重新统一，教会出现短暂的联合。相比在宗教领域取得的成功而言，这次会议在文化方面对后世产生的影响更持久。[①] 当时欧洲著名人文主义者，如前文已介绍的克里索洛拉斯（Manuel Chrysoloras）、特拉韦尔萨里（Ambrose Traversari）、格里诺（Guarino Da Verona）、阿雷提诺（Leonardo Aretino）、尼科利（Niccolò de´Niccoli）和贝萨里昂（John Bessarion）、波奇奥（Poggio）等，作为教会神职人员都参加了这次会议。在会议进行激烈辩论的时候，他们纷纷运用古典文化的知识，引经据典争取本派教会的权利。这些辩论充分展现了人文主义新知识的魅力。如特拉韦尔萨里为了成功地驳斥拜占廷教职人员提出的一些观点，曾致信远在英国的皮耶罗·德尔·蒙特，请他帮忙在英国收集公元553年君士坦丁堡宗教会议颁布的《全基督教第五法案》，希望以此作为论据。[②] 在这次宗教会议中，霍尔兹有机会与当时最著名的人文主义者接触，并目睹他们的风采，聆听他们充满智慧的辩论。会议结束之后，霍尔兹与波奇奥、贝萨廖内等人成为很好的朋友。当1439年会议中断，会址从费拉拉移到佛罗伦萨的时候，霍尔兹离开费拉拉，到帕多瓦大学学习。但1440年获得神学博士学位以后，霍尔兹很快回到了佛罗伦萨，进入当时著名的人文主义圈子——美蒂奇文化圈，并与意大利人文主义者曼内蒂（Giannozzo Manetti）、布鲁尼（Leonardo Bruni）等人都有密切联系。尤其是与曼内蒂的交往，反映出霍尔兹的学问和性格在意大利人文主义者中很受欢迎。因为曼内蒂也是一个非常有学问、非常正直和诚信

---

① J. W. Bennett, "Andrew Holes: A Neglected Harbinger of the English Renaissance", *Speculum*, Vol. 19, No. 3, Jul. 1944.

② Roberto Weiss, "Piero del Monte, John Whethamstede, and the Library of St. Albans Abbey", *The English Historical Review*, Vol. 60, No. 238, Sep. 1945.

的人。[①]

与此相似，其他人文主义者也与意大利学者广泛联系，并得到普遍认同，尤其是蒂普托夫特（John Tiptoft）伯爵甚至被认为是一位“意大利化的英国人”（Italianate Englishman）。[②]

在意大利留学期间，早期人文主义者也通过各种方式收集人文主义书籍。如蒂普托夫特（John Tiptoft）伯爵凭借雄厚的经济实力，在意大利大量购买书籍，被时人戏称“他洗劫了意大利图书馆，却充实了英国图书馆”。[③]这些学者每到一个城市游学都会通过书商或著名人文主义者购买书籍。而贫寒的学者在财力有限的情况下，则会抄写、撰写书籍。如约翰·弗里（John Free）是依靠庇护人的赞助留学的，他曾写了拉丁语诗歌、翻译了几本希腊语著作献给庇护人。[④]

通过留学意大利，早期人文主义者逐渐了解了意大利人文主义思想的特征和精神。其中一些人的文化成就甚至得到意大利人文主义学术圈的认同。如罗伯特·弗莱明（Robert Flemming）曾写了一首诗歌献给教皇，被认为是英国人写的第一首人文主义诗歌。此外，他编撰了一本希腊语—拉丁语词典。[⑤] 约翰·弗里（John Free）在格里诺葬礼上的致辞得到费拉拉的卡尔博（Carbo of Ferrara）的赞扬。[⑥] 相比英国最初只能通过皮耶罗·德尔·蒙特、汉弗莱公爵收集的手稿或惠萨姆斯蒂德的《作品集汇编》等了解人文主义新文化的概况而言，这不仅对学者个人来说是一个巨大的进步，对整个国家来说也是一个巨大的进步。而且这些学者后来大多回国。当他们回国时，不仅带回了在意大利收集的大量藏书和手稿，也带回了他们已经非常熟悉的意大利人文主义的精神内涵。

意大利人文主义新文化经过英、意两国人文主义学者以及大贵族的支持与赞助，在英国逐渐传播开来。但总体而言，这种新文化运动还只是在有限的群体中展开。卡尔森（David Richard Carlson）认为15世纪到意大

---

① J. W. Bennett, “Andrew Holes: A Neglected Harbinger of the English Renaissance”, *Speculum*, Vol. 19, No. 3, Jul. 1944.

② Lewis Einstein, *The Italian Renaissance in England*, New York: The Columbia University Press, 1902, p. 24.

③ Ibid., p. 26.

④ Ibid., p. 23.

⑤ Ibid., p. 24.

⑥ Ibid., p. 23.

利留学并将人文主义兴趣带回国内的人文主义者只有 10—12 人。[①] 加之早期人文主义者大多在教会或政府机构中任职，而不是在大学任教。因此，英国早期人文主义文化并没有得到充分传播，成就也相当有限。

但他们对新文化的热爱与追求为近代早期人文主义教育思想的提出奠定了文化基础。如汉弗莱公爵曾收集 500 多本图书，其中约 300 本捐赠给牛津大学。[②] 这些书籍成为英国早期人文主义者威廉·格雷（William Grey）、约翰·弗里（John Free）等获得人文主义思想的重要源泉[③]，并激励着他们出国留学。第一批出国留学的人文主义者大多来自牛津大学与汉弗莱公爵捐赠大量藏书有着必然的联系。而这一批人又在客观上保存了英国人文主义文化的连续性，为英国人文主义教育思想的产生提供了很好的知识背景。如早期人文主义者威廉·塞林（William Sellyng）曾在牛津大学工作，后来到意大利的波隆那大学学习希腊语，回国后在坎特伯雷大教堂的修道院讲授希腊语。英国第二代人文主义者托马斯·林纳克（Thomas Linacre）在此接受了人文主义知识，并与老师威廉·塞林一同结伴去意大利继续深造，成为那个时代英国著名的人文主义者。而托马斯·林纳克后来又成为英国第三代人文主义者，即近代早期著名人文主义教育思想家托马斯·埃利奥特（Thomas Elyot）的老师。[④]

意大利人文主义对英国人文主义教育思想形成的贡献，正如研究近代早期英国文化史的专家佩尔顿南（Markku Peltonen）教授所言：这种新思想在英国的出现部分原因在于在英国传播人文主义思想的意大利学者，部分原因也在于那些在意大利留学而且对人文主义有着强烈兴趣的英国人。他们充当了英、意文化交流的桥梁，将在意大利出现的新文化传入英国，推动英国出现了“仰慕古典文化、憎恨经院哲学家、准确研究语言和有

---

① David Richard Carlson, *English Humanist Books: Writers and Patrons, Manuscript and Print, 1475 – 1525*, Toronto: University of Toronto Press, 1993, p. 14.

② B. L. Ullman and Duck Humphrey, "Manuscripts of Duke Humphrey of Gloucester", *The English Historical Review*, Vol. 52, No. 208, Oct. 1937.

③ Kenneth Charlton, *Education in Renaissance England*, London: Routledge & Kegan Paul, 1965, p. 43.

④ Fritz Caspari, *Humanism and the Social Order in Tudor England*, Chicago: The University of Chicago Press, 1954, p. 21.

效地祷告”的人文主义文化现象。[1] 这种新文化现象成为英国人文主义教育思想形成的源流。

第三节 16 世纪人文主义——英国人文主义教育思想的基础

16 世纪是英国人文主义运动发展的黄金时期。这一时期不仅出现了不同的人文主义学术社团，也出版了大量的人文主义书籍。这些新文化现象推动着人文主义运动的迅速发展，也为人文主义教育思想的形成奠定了思想基础。为此，下文将以此为视角，考察 16 世纪英国人文主义运动的发展状况。

一 建立人文主义学术社团

人文主义学术社团的出现是 16 世纪英国人文主义运动发展的重要表现，也在很大程度上促进了人文主义文化的繁荣，使英国知识生活发生了方向性的转折。16 世纪英国出现了不同的人文主义学术社团，如伦敦人文主义社团、以大法官托马斯·莫尔为中心的人文主义社团等。其中影响最大的是牛津大学与剑桥大学建立的两个社团。1500 年前后，游学欧洲大陆的英国早期人文主义者纷纷回国。与之前的人文主义者活跃于宗教和政治领域不同，他们在担任各种社会职务之余，也在大学任教，讲授希腊语、拉丁语、古典文化等人文主义新学，从而在英国形成了牛津大学、剑桥大学两个人文主义运动的中心。通过这种方式，早期的人文主义者极大地传播人文主义新知识，推动人文主义成为当时大学与社会中的重要思潮，迎来了英国人文主义运动发展的黄金时期。

（一）牛津人文主义学术社团

牛津人文主义学术社团又称老牛津圈（the old Oxford circle），是 16 世纪英国第一个人文主义学术社团。该社团主要成员有格劳斯（William Grocyn）、林纳克（Thomas Linacre）、科利特（John Colet）、拉蒂默（William Latimer）、莫尔（Thomas More）、利利（William Lily）、腾斯托尔（Cuthbert Tunstall）等早期人文主义者。因这批学者都曾在牛津大学执

---

[1] Markku Peltonen, *Classical Humanism and Republicanism in English Political Thought, 1570 – 1640*, Cambridge & New York: Cambridge University Press, 1995, p. 8.

教，故得此名。如威廉·格劳斯 1491 年从意大利回国后，在牛津大学埃克塞特学院讲授希腊语。[1] 托马斯·林纳克从意大利佛罗伦萨、帕多瓦、罗马等研究人文主义新文化的著名大学游学回国后，1499 年也在牛津大学讲授医学、希腊文和拉丁文。[2] 他与格劳斯共同奠定了牛津大学古典研究的坚实基础。在他们两人的共同努力之下，人文主义新学问在英国的发展呈现星火燎原之势。北欧人文主义者伊拉斯谟首次踏上英国这块远离欧洲大陆的土地时，对这些在希腊语和拉丁语方面都非常有造诣的学者充满了钦佩之情。他说："在聆听我的朋友科利特的谈话时，我仿佛觉得是在听柏拉图本人在讲话。谁会不对格劳斯之精通多门学科表示惊叹？还有什么比林纳克的判断更敏锐、更深远和更透彻的呢？造物主曾创造过比托马斯·莫尔更完美、更可爱和更欢快的性情吗？"[3] 面对英国方兴未艾的人文主义研究，他无法掩饰自己的欣喜之情，甚至致信远在意大利的朋友，对英国出现的新学研究进行了热情洋溢的讴歌。他说自己曾经非常渴望到意大利学习人文主义新学，但在牛津大学生活了几个月以后，发现"在英国，拉丁语和希腊语方面的知识已经如此精湛、准确，以致现在根本不用（为了追求人文主义知识而）去意大利留学"。[4] 伊拉斯谟旅居英国，与英国人文主义者结下了深厚的友谊，并在他们的帮助下获得圣俸，有了稳定的经济收入，摆脱了贫穷的威胁。他作出这样的评论，似乎有夸大其词之嫌。但伊拉斯谟的评论也从一个侧面反映出在格劳斯、林纳克、科利特等人的推动下，英国人文主义的研究已经蓬勃发展起来。牛津人文主义学术社团对英国人文主义的传播所作贡献主要体现在以下三个方面。

首先是该社团倡导以人文主义的研究方法讲授《圣经》。对《圣经》的讲授有两种方法：一种是"正统的经院主义方法，它通常采取的形式是，把一些章节段落串联在一起，目的在于提炼出某些具有普遍意义的训诫和教条"；另一种是人文主义的方法，即"力图重新找到每一具体信条或论点的准确历史内涵"。[5] 人文主义研究方法首先兴起于意大利。英国

---

① Peter Ackroyd, *The Life of Thomas More*, London: Chatto & Windus, 1998, p. 70.

② Ibid., p. 71.

③ 吴式颖、任钟印：《外国教育思想通史》第 4 卷，湖南教育出版社 2005 年版，第 266—267 页。

④ Frederic Seebohm, *The Oxford Reformers: Cloet, Erasmus and More*, London: J. M. Dent & Sons, Ltd, 1914, p. 69.

⑤ 吴式颖、任钟印：《外国教育思想通史》第 4 卷，湖南教育出版社 2005 年版，第 391 页。

早期人文主义者留学意大利期间接受了这种方法，并将之应用到神学研究上。[①] 如约翰·科利特1496—1497年在牛津大学在讲授《圣·保罗致罗马人书》时，以古典时代与早期基督教时期为背景，以历史的观点解释圣·保罗的教导与传教工作。约翰·科利特的这种新研究方式与授课方式非常受欢迎。他在牛津大学讲授《圣·保罗致罗马人书》时，“吸引了从博士、修道院长到普通本科生，不同社会地位和不同学历层次的人，涌进课堂”。[②]

科利特在牛津大学的讲学推动着英国以希腊文为基础、采用历史的方法研究《圣经》和早期神学著作日渐普及起来。如约翰·科利特讲授圣·保罗获得成功，鼓舞着格劳斯（William Grocyn）以人文主义研究方式讲授中世纪正统神学著作《论神名》《神秘神学》《天国等级》《教会等级》和《信件十札》等，约翰·科利特的成功也鼓舞着托马斯·莫尔以人文主义研究方式讲授圣·奥古斯丁的《上帝之城》[③]。此外，受科利特的影响，伊拉斯谟也从人文主义诗人转变成基督教人文主义者。科利特的成功也推动着其他人文主义者献身于基督教神学的研究，如理查德·福克斯（Richard Fox）主教、约翰·费希尔（John Fisher）主教在大学开设希腊语课程，用人文主义的方法研究神学。在他们的推动下，基督教人文主义成为宗教改革前英国人文主义运动的基本特征。

其次是该社团捍卫了人文主义新学。16世纪初期，牛津大学经院主义神学和逻辑学仍然占主导地位，而人文主义者讲授希腊语、拉丁语作品，传授人文主义新学，直接威胁着这些传统学科的主导地位。牛津大学的经院主义者因此将代表人文主义新学的希腊语视为异端邪说的语言。他们组成了一个“特洛伊”协会，反对传授希腊语、拉丁语、希伯来语以及所有古典文化知识。他们甚至直接要求取消人文主义新学在大学课堂中的地位，提出“人文主义者，滚回家去!”的口号。[④] 经院主义与人文主义的冲突，在牛津大学中掀起了一场新、旧学术之争的“特洛伊战争”

① 参见［英］G.R.波特《新编剑桥世界近代史》第1卷，中国社会科学院世界历史研究所组译，中国社会科学出版社1999年版，第146页。

② Frederic Seebohm, *The Oxford Reformers: Cloet, Erasmus and More*, London: J. M. Dent & Sons, Ltd, 1914, p. 18.

③ Peter Ackroyd, *The Life of Thomas More*, London: Chatto & Windus, 1998, p. 70.

④ D'Alton Craig, “The Trojan War of 1518: Melodrama, Politics, and the Rise of Humanism”, *The Sixteenth Century Journal*, Vol. 28, No. 3 , Autumn 1997.

(the Trojan War)。

在这场激烈的学术争议中，人文主义者托马斯·莫尔热情地支持希腊语的教学与研究，极力为人文主义新学问的传播进行辩护。1519 年 3 月 29 日，他致信牛津大学校长，要求校方保护人文学科的发展。他的理由是：神学在大学教育中虽然是至高无上的，但它不应该是大学的唯一科目；熟悉古典文化对律师是有用的，也是必要的，而且古希腊、罗马诗人、演说家、历史学家的作品也培养了人们处理世俗事务的能力。即便是神学家也必须学习拉丁语、希腊语和希伯来语。如果没有古典语言的帮助，他们将无法真正理解《圣经》和早期教父的著作。[1] 在信的结尾，莫尔威胁牛津大学校长说，如果大学不采取措施制止经院主义者对人文主义者的攻击行为，保护新学在大学的合法地位，对人文主义新学有着强烈兴趣的君主亨利八世、红衣主教沃尔西都将不会坐视不管。因为为了"恩泽英国而且光照整个教会"，他们会毫无保留地保护新学问在大学中的重要地位。[2] 在人文主义者看来，只有拥有渊博的知识，才能对《圣经》作出正确的解释。一位称职的神学家首先必须是一位精通希腊语、拉丁语，甚至是希伯来语等古典语言的文法学家。因此，人文学科不仅是人文主义者的必修科目，也是经院主义者的必修科目。16 世纪人文主义者的这些观点捍卫了古典文化的应有地位，促进了新学的发展。

最后是该社团组建人文主义性质的新型学校。人文主义教育是人文主义运动发展的基础与保障，也是 16 世纪人文主义运动与早期人文主义运动的重要区别。组建人文主义性质的学校是 16 世纪人文主义运动的重要内容。为了推进人文主义新学，约翰·科利特建立圣·保罗学校。"科利特头脑里的人文主义宗教观念竟是如此的强烈，使他不仅摒弃经院学者而赞同早期的基督教作家，并且想要成立一个专门培养有学问的基督教徒的学校。他在 1510 年创办圣·保罗学校，终于能够实现了自己的计划。"[3]

科利特在学校规章中明确规定了该校的办学宗旨与教学内容。"至于在这个学校里，教师教什么和学生学什么，要把它们设计出来并具体地予

---

① Joan Simon, *Education and Society in Tudor England*, Cambridge & New York: Cambridge University Press, 1966, p. 85.

② 参见朱孝远《文艺复兴书信集》，李瑜译，学林出版社 2002 年版，第 31 页。

③ ［英］G. R. 波特：《新编剑桥世界近代史》第 1 卷，中国社会科学院世界历史研究所组译，中国社会科学出版社 1999 年版，第 146 页。

以规定，这不是我力所能及的。但是，如果大体说一说我们的某些想法，我希望他们自始至终学习拉丁文和希腊文的优秀作品，学习那些把各种罗马人的雄辩才能和智慧结合起来的优秀作家的作品，特别是那些用高雅而简洁的拉丁散文或诗歌写下了他们的名言懿训的基督徒作家的作品，因为我的意图是，通过这所学校，专门使孩子们增加知识，增进他们对上帝对我主耶稣基督和优良的基督徒生活和礼仪的崇敬。”① 可见，圣·保罗学校的宗旨是通过有序地学习古典文化来增进学识、提升基督徒的生活方式。这样，学校教育将世俗方面的智慧与宗教事务融合起来，学问成为个人获得良好的生活方式、报效教会和社会的重要途径。该校的教育目标、使用的教材、对教师的素质要求等都成为人文主义者的办学模式。此后，英国具有人文主义性质的学校纷纷建立。据统计，1480—1660 年，英格兰和威尔士新建了约 800 所文法学校，其中，相当一部分学校按照人文主义方法教学，讲授古典文化。②

（二）剑桥人文主义学术社团

剑桥人文主义学术社团的主要成就是推动英国对希腊语的研究。希腊语的研究是 16 世纪英国人文主义运动的重要内容。如前所述，它最初出现于牛津大学，但由于“特洛伊”协会的反对而转移到剑桥大学。剑桥大学由此成为英国希腊语研究的中心。

剑桥人文主义学术社团的核心人物是世界人文主义者伊拉斯谟（Desiderius Erasmus，1466—1536 年）。伊拉斯谟是尼德兰人，1495 年在法国接受人文主义教育，1499 年受其学生、英国贵族芒乔伊（Lord Mountjoy）的邀请与资助前往英国。③ 旅居英国期间，伊拉斯谟与牛津人文主义者结下了深厚的友谊，不仅推动着英国用人文主义方法研究《圣经》，也为科利特建立人文主义学校出谋划策，成为 16 世纪英国人文主义运动中的重要人物。④ 虽然这次旅居英国的时间不长，伊拉斯谟在 1500 年离开英国，前往法国。但他仍然与英国人文主义者保持密切的联系，并于 1505—

---

① ［美］E. P. 克伯雷：《外国教育史料》，任宝祥、任钟印主译，华中师范大学出版社 1991 年版，第 236 页。

② Lawrence Stone, *Oxford and Cambridge from the14 th to the Early 19th Century*, London: Oxford University Press, 1975, p. 18.

③ 参见吴式颖、任钟印《外国教育思想通史》，湖南教育出版社 2005 年版，第 266 页。

④ Fritz Caspari, *Humanism and the Social Order in Tudor England*, Chicago: The University of Chicago Press, 1954, p. 26.

1506年，1509—1514年，1515—1516年多次来到英国[①]，往来于英国与欧洲大陆之间，成为英国与欧洲人文主义文化交流的重要媒介。如1516年，伊拉斯谟推荐托马斯·莫尔的《乌托邦》在安特卫普出版。[②] 该书向欧洲大陆各国展示了英国人文主义研究水平。

伊拉斯谟对英国人文主义运动发展的主要贡献是推动了剑桥大学希腊语的繁荣。1509—1514年旅居英国期间，伊拉斯谟有两年多的时间受聘于剑桥大学。从1511年夏天一直到1514年1月，伊拉斯谟作为神学教授，在剑桥大学主讲神学、拉丁语、希腊语等知识。尤其是希腊语，作为欧洲人文主义运动的最新成果经伊拉斯谟的努力，在剑桥大学传播开来。如他讲授希腊语版本的圣·约翰·克里索斯托（Chrysostom）之《祷告书》、圣·巴日尔（Basil）的《以赛亚书》评论；也为低年级学生讲授克里索罗拉（Manuel Chrysoloras）的希腊语文法，为高年级的学生讲授伽查的希腊语文法。1511年10月16日，伊拉斯谟给朋友写信说：我已经在课堂上使用了克里索罗拉的文法课本。[③] 克里索罗拉文法和伽查的文法，是15世纪末16世纪初著名的文法著作。其中，克里索罗拉文法又称希腊语文法，由佛罗伦萨希腊语专家克里索罗拉所著，于1478年首次出版，1507年再版。而伽查的文法则在1495年由欧洲著名的阿尔杜斯出版社首次出版，克罗克1511年在莱比锡出版的是第四版。[④] 在十多年的时间内，该书四次出版，可见其在欧洲大陆受欢迎的程度。这两部文法书籍都是当时希腊语研究的最新成果。伊拉斯谟将欧洲大陆人文主义者的这些最新成果引进到英国，推动着英国人文主义思想的传播。

此外，伊拉斯谟在教学过程中也系统阐释了自己的人文主义思想，培养了不少学生。在伊拉斯谟的影响下，剑桥大学产生了一批具有人文主义思想的学者。其中，最令伊拉斯谟感到骄傲的是女王学院的亨利·布洛克（Henry Bullock）。[⑤] 布洛克跟随伊拉斯谟学习期间翻译了卢克莱修的《对话》。1520年当大主教沃尔西（Wolsey）视察剑桥大学时，凭借渊博的希

---

① Fritz Caspari, *Humanism and the Social Order in Tudor England*, Chicago: The University of Chicago Press, 1954, p. 31.

② Ibid., p. 32.

③ Arthur Tilley, "Greek Studies in England in the Early Sixteenth Century", *The English Historical Review*, Vol. 53, No. 210, Apr. 1938.

④ Ibid.

⑤ Ibid.

腊语知识，布洛克代表校方致辞并受到沃尔西的高度赞扬。令伊拉斯谟引以为豪的还有彭布鲁克学院的约翰·沃森（John Watson）。沃森是一位学识渊博的神学家，不过，其希腊语知识似乎不太好。[①] 此外，还有国王学院的罗伯特·奥尔德里奇（Robert Aldridge）、约翰·布赖恩（John Bryan）。[②] 奥尔德里奇曾协助伊拉斯谟翻译过早期教父圣·哲罗姆的作品，以及罗马政治家、哲学家塞涅卡的部分散文著作。而且奥尔德里奇在1515—1521年任伊顿文法学校校长期间，将希腊语教学引进到伊顿学校，推动了文法学校中希腊语的学习与研究。1536—1547年，奥尔德里奇任国王学院院长，进一步推动了剑桥大学希腊语的学习。像奥尔德里奇一样，布赖恩在希腊语和拉丁语方面也有很深的造诣。他曾被任命为大学逻辑学讲师，按照人文主义的精神讲授亚里士多德著作，受到高度赞扬。伊拉斯谟在剑桥大学培养的具有人文主义思想的学生远不止这么多，如著名人文主义者托马斯·拉普塞特（Thomas Lupset）是他的学生[③]，16世纪英国著名的新教改革家、著名人文主义者休·拉蒂默（Hugh Latimer），以及托马斯·坎默尔（Thomas Cranmer），甚至大政治家托马斯·培根（Thomas Becon）等人也曾受到伊拉斯谟思想的影响。[④] 可以说，通过授课，伊拉斯谟的基督教人文主义思想已经扎根于英国。

推动英国希腊语研究的另一位重要人物是剑桥大学校长约翰·费希尔（John Fisher）。费希尔是16世纪英国著名的人文主义者，伊拉斯谟也是受其邀请来剑桥大学的。此外，费希尔也邀请国务秘书兼国王学院院长戴（Day）、国王学院希腊语高级讲师克罗克（Croke）、传播人文主义思想的领袖约翰·奇克（John Cheke）、曾留学巴黎大学的约翰·雷德曼（Redman）、伊丽莎白女王的老师阿斯堪（Ascham）、三一学院的讲师比尔（Bill）、托马斯·沃森（Thomas Watson）、彭布鲁克学院的讲师约翰·扬（John Young）等人来大学讲授希腊语。[⑤] 这些人组成了剑桥人文主义学术

---

① Arthur Tilley, "Greek Studies in England in the Early Sixteenth Century", *The English Historical Review*, Vol. 53, No. 210, Apr. 1938.

② Ibid.

③ Ibid.

④ Joan Simon, *Education and Society in Tudor England*, Cambridge & New York: Cambridge University Press, 1966, p. 87.

⑤ Arthur Tilley, "Greek Studies in England in the Early Sixteenth Century", *The English Historical Review*, Vol. 53, No. 210, Apr. 1938.

社团，推动了剑桥大学希腊语研究的繁荣。

在他们的影响下，“剑桥大学掀起了一股支持新学问的运动”。[①] 当时，师生们广泛阅读文学家荷马、索福克勒斯、欧里庇得斯以及历史学家希罗多德、修昔底德、色诺芬、哲学家伊索克拉底、柏拉图等希腊学者的作品。希腊语和希腊作品的研究因此在剑桥大学流行起来。后来成为著名的人文主义者、当时还是剑桥大学一名学生的罗杰·阿斯堪曾给正在卢万留学的一名学生写信时，盛赞剑桥大学希腊语学习的繁荣状况，“以前你在学院时，（学院）很流行（罗马人）普鲁塔克的作品，但现在索福克勒斯和欧里庇得斯（的作品）比普鲁塔克（的作品）更为人所知晓。（学院）以前推荐（学生）学习（罗马人）塔西佗、李维（的作品），现在（更多的是）推荐希罗多德、修昔底德、色诺芬（的作品）”。[②]

16 世纪英国虽然形成了传播人文主义思想的不同学术社团，但各社团之间并没有严格的界限。如剑桥大学人文主义思想传播的先驱约翰·克莱门特和托马斯·拉普塞特都曾受教于牛津学者。而作为剑桥人文主义学术社团中重要成员的伊拉斯谟与科利特、莫尔等牛津学者之间也建立了深厚的友谊。科利特在伦敦建立的圣·保罗文法学校在很大程度上要感谢伊拉斯谟的建议；莫尔的《乌托邦》——英国早期人文主义最伟大的文学作品——在很大程度上也是莫尔与伊拉斯谟友谊的结晶。[③]本书提出牛津、剑桥不同的人文主义学术社团，并不是为了对两个学术社团进行区别，只是为了彰显出在牛津学者、剑桥学者的共同努力下，人文主义思想已经在英国发展起来。

二　出版人文主义书籍

随着人文主义知识运动在英国的展开，近代早期英国学术领域出现了一个新现象，即出版了大量印刷版和手抄本书籍。人文主义著作的大量问世从一个侧面折射出这一时期人文主义思想传播的状况。因此，下文将通

---

① Arthur Tilley, "Greek Studies in England in the Early Sixteenth Century", *The English Historical Review*, Vol. 53, No. 210, Apr. 1938.

② Lawrence V. Ryan, *The Schoolmaster (1570) by Roger Ascham*, Charlottesville: University Press of Virgina, 1967, p. xv.

③ Fritz Caspari, *Humanism and the Social Order in Tudor England*, Chicago: The University of Chicago Press, 1954, p. 28.

过考察剑桥大学人文主义书籍流通的状况，说明人文主义思想流行的程度。

剑桥大学现存1498—1546年的33份书目清单为我们研究16世纪英国人文主义思想的传播提供了珍贵的资料。[①] 虽然拥有一本书并不意味着持有人一定会阅读它，但在清单中，绝大多数性质类似的书籍大量出现，则在一定程度上反映出持有者的学术兴趣与学术水平。从这个角度来说，清单中个人藏书的变化很能说明16世纪英国学术兴趣的转移，反映出这一时期英国人文主义思想传播状况。下文将从这33份清单中挑选出具有代表性的4份进行分析。

首先考察的是国王学院威廉·戴维（William Davye）的藏书情况。戴维在1520—1521年获得教会法学士学位，1521—1536年在剑桥郡任副牧师，1531—1543年出任国王学院教师，1544年任剑桥郡某教区的教区长，1545年去世。戴维的清单中有69卷藏书。这些藏书主要是15世纪修士的手稿。如《教士手册》和大量的《祷告书》。此外，也有大量的有关天主教信仰的书籍。戴维的藏书反映出他是一位保守主义者。在人文主义作为一种新文化传入英国并在英国蓬勃发展的时代，他似乎对发生在生活中的文化变革不太感兴趣。但受时代变迁的影响，他的藏书中也不可避免地包含有当时人文主义者的著作，以及用英语[②]写的反映当时社会现实需要的作品。如乔叟的《坎特伯雷故事集》、托马斯·莫尔的《对话》、英语版的《圣经》和英语版的《治安法官手册》等。[③] 戴维的藏书反映出人文主义思想对虔诚信仰正统宗教的人产生了一定的影响。

第二个被考察对象是约翰·切斯赖特（John Cheswryght）。切斯赖特于1509—1510年获得文学学士学位，1513年获得文学硕士学位，1515年在彭布鲁克学院教学，1520—1537年又在国王学院教学。文学学士学位与文学硕士学位是人文学部的学生在修业期满后获得的学问证书。从切斯赖特的求学经历中，我们可以发现他主要是在人文学部接受教育。与医学

① Margery H. Smith, "Some Humanist Libraries in Early Tudor Cambridge", *Sixteenth Century Journal*, Vol. 5, No. 1, Apr. 1974.

② 用英语写作或英语版的书籍是英国人文主义发展的一个重要特征，也是英国人文主义运动民族化的一个重要表现。——本文作者注。

③ Margery H. Smith, "Some Humanist Libraries in Early Tudor Cambridge", *Sixteenth Century Journal*, Vol. 5, No. 1, Apr. 1974.

院、神学院、法学院等传授专业知识的学院相比，当时的人文学部主要传授基础知识，是人文主义思想传播的重要场所。切斯赖特可能已经在此接受过人文主义教育的熏陶。切斯赖特留下的清单中，有 118 本藏书。这些藏书中，很大部分是神学书籍和哲学书籍，如萨克森的路多法斯的《基督的生命》和早期神学研究的其他作品。另外，也有莫尔写的论文《对话》和《心灵的祈愿》。莫尔的作品在一定程度上反映切斯赖特的宗教信仰。1535 年，莫尔因信仰天主教被信仰国教的君主以叛国罪处以死刑，此后，这两本为天主教辩论的小册子就已经很少流通了。这两本书出现在 1537 年切斯赖特的书单中，暗示他可能像戴维一样，也是虔诚的天主教徒。但他也拥有伊拉斯谟的作品，如《基督教战士手册》《圣经》《词语的丰富》《愚人颂》等作品以及其他人文主义者所著的作品，如维夫斯的《基督教妇女的教育》、约翰·费希尔反对路德学说的书籍、英国文法学家斯坦布里奇和惠廷顿的《文法》等。[①] 这些藏书反映出切斯赖特是一个与时俱进、非常具有时代感的人。作为一个文艺复兴时代的人，切斯赖特强调用人文主义的方法传授古典文化知识。如他的书单中有古典作家维吉尔与奥维德的作品、特伦斯的《喜剧》评论、亚里士多德的《政治学》评注和拉丁语版的希罗多德的《历史》。切斯赖特没有收藏当时人常用的亚里士多德课本，而是收藏了亚里士多德的《政治学》评注，这反映出其崇尚古典文化的价值取向。希罗多德的拉丁语版的著作也暗示了他对古典历史的热情。此外，切斯赖特收集了西塞罗的课本《修辞学》《雄辩术》。[②] 这两本书是西塞罗最重要的著作，强调官员应该履行的职责，是 16 世纪绅士的学习手册。从切斯赖特的藏书来看，他也是一位信仰天主教的保守主义者，但除了反映个人信仰的神学书和哲学书之外，他也拥有当时最著名人文主义者的主要作品以及人文主义提倡的古典时代的作品。切斯赖特的藏书反映出当时人文主义思想的传播状况。

最能反映 16 世纪英国人学习人文主义知识兴趣的是女王学院的威廉·弗明哈姆（William Framyngham）。弗明哈姆曾获得文科学士学位与硕士学位，可能早在大学学习期间就接受过人文主义思想的熏陶，是文艺

---

① Margery H. Smith, "Some Humanist Libraries in Early Tudor Cambridge", *Sixteenth Century Journal*, Vol. 5, No. 1, Apr. 1974.

② Ibid.

复兴时代剑桥大学一名非常著名的大学教员。弗明哈姆与曾在意大利接受过良好的人文主义教育并于回国后在剑桥大学创办盖厄斯学院的医学博士、著名人文主义者盖厄斯是私交很好的朋友。在弗明哈姆的清单中，有103册藏书，从藏书总量上说比切斯赖特（118本）的少一些。从藏书内容来看，弗明哈姆与切斯赖特的学术兴趣存在很大的差异。最明显的区别是弗明哈姆没有英文印刷书。在弗明哈姆的书单中，几乎没有一本英国作者用母语写的书。而切斯赖特的藏书中，每一类书籍中都有几本英文书。尽管没有英语版的书籍，但从弗明哈姆的藏书中，我们仍能感觉到这是一个文化复兴的年代。他的藏书中，没有中世纪的祷告书，几乎没有神学书籍。他拥有两本字典[①]，而不是《旧约》。此外，他拥有8本早期教父哲学家的书籍，却只有一本是宗教改革者的著作。而且，他拥有60多本希腊语、拉丁语诗人和戏剧家的作品，有12本是由当时的人文主义者所著。早期教父哲学家的著作以及希腊语、拉丁语作品都是人文主义者提倡的文化。从弗明哈姆的这些藏书中，可以发现他关心的主要是文学和人文主义新学问。[②] 不仅如此，弗明哈姆对拉丁语、希腊语都有相当深的造诣。他广泛阅读希腊语、拉丁语作品。其中，拉丁语作品主要有：古典作家奥维德、维吉尔，罗马抒情诗人卡图卢斯、荷马、卢卡、马提雅尔，罗马后期农学家科路美那、奥卢斯·格利乌斯、瓦勒利乌斯、特伦斯，拉丁作家拉克唐修、塞涅卡、阿普列尤斯等拉丁作者的作品。希腊语作品主要包括希腊哲学家西俄夫拉斯塔斯、伊索克拉底、索福克勒斯、希西阿德、阿里斯托芬、奥菲厄斯等著名人物的作品，以及希腊语历史学家和传记作家波里比阿、修昔底德、普鲁塔克、希罗多德等人的作品。在哲学方面，弗明哈姆拥有柏拉图和亚里士多德等哲学家的作品，也有百科全书编纂人西西里的狄奥多罗斯、希腊语早期教父圣·巴日尔等人的作品。[③] 从弗明哈姆的藏书中可以看出，他感兴趣于文学，而不是经院主义神学问题。希腊语、拉丁语诗人和戏剧家的大量作品，显示出他热衷于人文主义文化，并具有

---

① 字典是文艺复兴时代学者学习古典文化的主要工具书。当时的字典主要有五类：拉丁语字典、希腊语字典、拉丁语—英语双解字典、希腊语—英语双解字典以及拉丁语—希腊语双解字典。其中，最盛行的是拉丁语字典与希腊语字典。拥有字典既暗示着持有者对古典文化学习的兴趣，也暗示着持有者拥有较高的古典文化素养。

② Margery H. Smith, "Some Humanist Libraries in Early Tudor Cambridge", *Sixteenth Century Journal*, Vol. 5, No. 1, Apr. 1974.

③ Ibid.

相当深厚的希腊语、拉丁语知识。他的藏书几乎包含了用古典拉丁语、希腊语写作的所有著名作家的作品。他是16世纪热心学习古典文学的典型代表。

托马斯·奥克利（Thomas Ocley）也是一位对人文主义文化感兴趣的人。奥克利曾以文科学士学位身份进入剑桥大学，并获得文科硕士学位。他去世时留下了106本书。在他的藏书中，文学类藏书与弗明哈姆的类似，但相比其他三人而言，奥克利的语言学课本所占比例较大。他对文艺复兴学术非常感兴趣，仅伊拉斯谟的课本就有14本。他拥有当时宗教改革家的六部作品，另外还有英语版《圣经》和《炼狱之书》。宗教类的藏书反映出他对当时的宗教问题较为关注。在奥克利的书目中，伊拉斯谟的作品是最多的，既有宗教方面的著作，也有修辞学方面的著作。有意译的《圣经》、希腊语版的《新约》评注、当时非常流行的《基督教战士手册》，以及以典雅拉丁语风格著称的《阿达及亚》《文法基础》和关于拉丁语发音的一本小册子、关于公共辩论的著作。除了拥有伊拉斯谟的书以外，奥克利也有其他教师关于典雅拉丁语的书。如著名人文主义者佩罗蒂、梅兰克顿等人的文法。此外，奥克利拥有希腊语学者特拉布松的乔治翻译的昆体良的《修辞学》和瓦拉的《典雅拉丁语》。从文法类的藏书看来，他感兴趣于语言学研究。关于希腊语的著作中，奥克利拥有古典作者的大量藏书：维吉尔作品的评论和奥维德、瓦勒利乌斯、特伦斯、普鲁塔斯、塞涅卡等人的作品。此外，他也拥有阿普列尤斯、伊索和拉克唐修等作者的作品。奥克利拥有《伊利亚特》和《奥德赛》，卢克莱修、亚里士多德的作品和优西比乌斯的《宗教史》。① 这些书在当时意大利人的书架上出现，可能不足为怪，但在人文主义传到英国还不到20年的时间内，在剑桥大学学生的书单中就出现如此丰富的人文主义藏书，这充分反映出人文主义思想已经在英国普及起来。

通过考察个人藏书的变化，我们会发现16世纪人们收藏的书籍中，有关神学、哲学的书籍越来越少，而用希伯来语、拉丁语、希腊语三种古典语言写作、反映人文主义思想的《圣经》评注越来越多，以及具有人文主义性质的希腊语课本、用拉丁语翻译的希腊语作品、人文主义者的著

---

① Margery H. Smith, "Some Humanist Libraries in Early Tudor Cambridge", *Sixteenth Century Journal*, Vol. 5, No. 1, Apr. 1974.

作也越来越多。人文主义书籍的大量问世，反映出人文主义思想已经被越来越多的人接受，人文主义新学已经在英国流行开来，这成为英国人文主义教育思想形成的基础。

本章主要考察了中世纪自由教育、骑士教育的影响以及人文主义知识运动在英国的兴起与传播，意在厘清人文主义教育思想产生的文化背景。英国人文主义教育思想是人文主义知识运动在英国兴起、发展到一定程度之后产生的一种教育思想。人文主义教育思想旨在创建一种建立在希腊、罗马古典文化之上的理性的，既有利于个人也有利于国家发展的教育。而自由教育、骑士教育的传统，在意大利影响之下英国人文主义运动的蓬勃发展，这些文化现象为近代早期英国人文主义教育思想的产生奠定了深厚的基础。可以说，英国人文主义教育思想的产生是自由教育、骑士教育思想理性化、人文主义知识运动在英国传播一个多世纪以来的必然结果。

第三章　都铎时期英国人文主义教育思想

都铎时期从1485年亨利七世建立都铎王朝开始，相继经历了亨利八世、爱德华六世、玛丽女王执政和伊丽莎白女王的统治，直到1603年女王去世，斯图亚特王朝建立为止，时间跨越了整个16世纪。这一时期是英国人文主义发展、繁荣的重要时期。人文主义者在接纳来自欧洲大陆的人文主义思想时，也结合英国的社会需求，提出了具有民族特色的人文主义思想，赋予了人文主义思想以新的时代内容。就教育领域而言，人文主义者将教育视为社会稳定发展、个人全面发展的有效途径，借鉴自由教育模式与骑士教育理念，提出了包括教育目的、教育计划、教学方法、提高教师素质在内的较全面的教育思想。这些内容集中反映出人文主义者对教育的思考。

第一节　人文主义者论教育的目的

中世纪教育的目的在于培养绅士和教士，但这两项教育目标是独立进行的，两者之间存在明显的分歧。一般而言，中世纪培养绅士的教育即骑士教育，以家内教育的方式进行。而培养教士的教育则以正规教育的方式，在学校中进行，为诵读圣经、抄写圣书和计算宗教节日等服务。培养僧侣与培养贵族的教育目标，虽然侧重点各有不同，一个是培养学者，一个是培养骑士，但它们在中世纪是平行发展的。“高贵的骑士和庄严的博士均被看作是高贵的高等职业的承担者。一个人获得了骑士头衔，他的行为就达到了理想的标准；一个人获得了博士学位，他的学识就达到了优越的境地。此二者，一个是英雄，一个是贤哲。"[①] 但近代早期人文主义者倡导的教育不再只是培养学者或深谙政治、战争之道的行家里手，而是培养集"朝臣的眼睛、学者的辩舌、士兵的利剑"于一身的"完人"。[②] 具体而言，人文主义者将古典文化知识与骑士教育传统相结合，将古典文化知识与虔诚的信仰相融合，提出了培养完美绅士与虔诚教士的教育理想。

一　培养完美的绅士

中世纪贵族重视骑士教育，忽视文化知识的学习。都铎时期人文主义者对此现象进行了批评。如著名人文主义者托马斯·斯塔基（Thomas Starkey）认为长久以来贵族总是在狩猎、赌博、饮酒作乐和其他无聊的娱乐中长大，耗费光阴，而不学习文化知识，这是都铎早期社会不稳定、道德败坏、浮华虚荣和（国民）愚昧无知等社会弊端的主要原因之一。[③] 著名人文主义教育思想家、政治家托马斯·埃利奥特（Thomas Elyot）也认为贵族不应该在孩子年幼时就教他们玩牌、掷骰子等技巧，而应该教他们学习拉丁文。因为掷骰子既不利于身体健康，也不利于思维训练，相反它会带来责备、争吵和其他令人不愉快的事情。"再没有什么娱乐比掷骰子更无益"。[④] 著名人文主义教师罗杰·阿斯堪（Roger Ascham）告诫贵族，如果不重视孩子的文化教育，加强道德品质的修养，他们的道德品质将会更糟。[⑤]

在此基础上，人文主义者倡导贵族子弟除了学习骑士之道以外，还必须接受适当的文化知识教育。因为文化知识教育可以将贵族子弟培养成未来的"统治者"，即完美的绅士。如音乐中包含着完美的和谐，学习音乐不仅可以懂得音乐的节奏和旋律，获得心灵上的愉悦感，也有助于更好地理解如何维持社会和谐。[⑥] 绘画和雕刻方面的知识不仅可以培养贵族子弟

① ［荷］约翰·赫伊津哈：《中世纪的衰落》，刘军、舒炜等译，中国美术学院出版社 1997 年版，第 61 页。

② ［英］威廉·莎士比亚：《莎士比亚全集》下卷，梁实秋译，内蒙古文化出版社 1995 年版，第 359 页。

③ David Cressy, *Education in Tudor and Stuart England*, London: Edward Arnold, 1975, p. 15.

④ Thomas Elyot, *The Boke Named the Governour*, London: J. M. Dent Co, 1907, p. 106.

⑤ Lawrence V. Ryan, *The Schoolmaster (1570) by Roger Ascham*, Charlottesville: University Press of Virgina, 1967, p. xxix.

⑥ Thomas Elyot, *The Boke Named the Governour*, London: J. M. Dent Co, 1907, p. 28.

的审美欣赏情趣，而且有利于在战争与和平时期发挥实际功效，如修建军事工程、绘制战略地图等。[①] 希腊语、拉丁语文学作品最具震撼力，能鼓舞斗志，催人奋进。这些作品也是学会雄辩和获得智慧的源泉，而且能传授军事知识。这些作品不仅可以让读者从中受到精神上的鼓舞，而且可以获得道德与政治方面的智慧。[②] 此外，逻辑学、修辞学不仅可以培养未来"统治者"完美的语言表达风格，也让他们在咨议局任职或者是面对大量听众，或者是会见各国大使的时候，不是语无伦次，而是恰如其分地进行演说。[③] 而哲学可以培养学生"逐渐完美"的判断能力，"足以将他们塑造成完美、优秀统治者"。[④] 自由七艺各科都有利于促进人的身心全面发展。

在人文主义者的教育目标中，塑造精神与锻炼身体是相互联系和相互依赖的。近代早期人文主义教育目标中，重视贵族文化知识的教育，并没有因此忽视贵族的体育训练。体育训练不仅是对骑士教育传统的继承，更是人的身心全面发展的重要组成部分。如埃利奥特坚持认为，体育运动可以使人身体健康、举止优雅、行动敏捷、富有尊严，因此，在进行文化知识教育的同时应该伴随着适当的体育锻炼计划。通过这样的教育可以培养出完美的绅士。都铎时期完美的绅士指举止彬彬有礼，知道怎样对待、应酬不同社会地位的人，知道怎样与人相处；懂音乐，通法律，学识渊博，拥有美德、智慧或其他类似的品质，既能在战争时期指挥战斗，也能在和平时期处理国事，既能周旋于宫廷也能应对乡村生活的人。[⑤] 人文主义教育目的旨在培养完美的绅士。近代早期英国教师马尔卡斯特（Richard Mulcaster）曾撰写教学著作，详细阐述自己对教育目标的看法。他认为教育不仅要传授知识，而且要促进人的身心全面发展。他说，"教育的目的是帮助本性达到最完善的程度"，"让身心的所有力量都得到最好的锻

---

① Fritz Caspari, *Humanism and the Social Order in Tudor England*, Chicago: The University of Chicago Press, 1954, p. 88.

② Thomas Elyot, *The Boke Named the Governour*, London: J. M. Dent Co, 1907, p. 36.

③ Ibid., p. 42.

④ Ibid., p. 48.

⑤ William Harrison Woodward, *Studies in Education during the Age of the Renaissance, 1400 – 1600*, Cambridge: Cambridge University Press, 1906, p. 298.

炼”。[1]

人文主义教育思想家是在怎样的史境下将中世纪的骑士教育理想转变成都铎时期绅士教育理想的呢？理解了这一点，有助于我们更深入地理解近代早期人文主义教育目的的意义。

首先是意大利人文主义教育思想的影响。都铎时期英国培养完美绅士的教育理想主要是由埃利奥特的《统治者必读》奠定的，而埃利奥特的作品在很大程度上又借鉴了意大利人文主义者的研究成果。《统治者必读》被称为“英国的《朝臣必读》”，深受意大利人文主义者卡斯蒂格朗的《朝臣必读》的影响。[2] 卡斯蒂格朗的《朝臣必读》旨在培养理想的朝臣，即擅长战争艺术和各种体育活动、具有学者的智慧、具有良好的艺术修养、谈吐高雅、超凡脱俗、能言善辩、有着良好的道德品质修养、衣着讲究，辅佐君主处理世俗事务的人。由此看来，卡斯蒂格朗的理想朝臣实际上就是埃利奥特所要培养的完美绅士。埃利奥特结合意大利人文主义者的教育理想，依据英国发展的现实需要，创建了适应于英国统治阶级的一种新的社会标准，提出了培养完美绅士的教育目标。

其次是都铎时期是英国国家建构（State Building）的重要时期，政治体制的发展对政府官员的素质提出了新的要求，传统骑士教育已经很难适应社会的需要，文化知识在现实生活中占有日益重要的地位。阿斯堪明确指出，对于一个理想的贵族来说，仅仅是一名虔诚的基督徒、英勇的武士和举止优雅是不够的。他不仅要拥有这些品质，还必须具备处理国家事务所需的知识和只有采用正确的学习方式才能获得的智慧。[3] 近代早期的学者皮查姆（Henry Peacham）曾依据绅士应有品德撰写《完美绅士》一书。他指出如果一个人有高贵的出身，又有渊博的学识，他经常会赢得尊敬与钦佩。学识会让他们优于其他贵族。而缺少知识会“让你行动愚蠢，让听你说话、与你交往的人感到厌倦和痛苦，让你的仆从瞧不起你”。[4]

---

① 褚宏启：《走出中世纪：文艺复兴时代的教育情怀》，北京师范大学出版社 2000 年版，第 255 页。

② Fritz Caspari, *Humanism and the Social Order in Tudor England*, Chicago: The University of Chicago Press, 1954, p. 85.

③ Lawrence V. Ryan, *The Schoolmaster (1570) by Roger Ascham*, Charlottesville: University Press of Virgina, 1967, p. xxiv.

④ Henry Peacham, *The Complete Gentlemans: the Truth of Our Times, and the Art of Living in London*, New York: Cornell University Pres, 1962, p. 19.

在贵族身上经常会看到缺乏正确的辨别力、愚昧无知，在行为举止和生活方面粗鄙、野蛮的现象。这些人，无论他们夸耀拥有多大的地产和财富，事实上都没有那些充满智慧和理解力的人更值得尊敬、受人爱戴。[①] 总之，在都铎时期的人们已经形成一种普遍的共识，学问已经成为塑造绅士的重要条件。这些因素推动着贵族教育的重点逐渐从骑士教育转到文化知识和绅士风度的培养上来。

二 培养虔诚的教士

注重培养完美的绅士是近代早期英国教育领域出现的一种新现象。作为从中世纪向现代社会转型的重要时期，都铎人文主义者从世俗社会发展需要的角度强调对贵族的培养，也从宗教信仰的角度，强调古典文化知识的重要性，主张将虔诚的信仰与古典文化知识相融合培养虔诚的教士。

人文主义者希望通过教育培养虔诚的教士，改革教会的弊端。斯塔基（Thomas Starkey）指出，“如果我们可以找到一种方法来改正我们所注意到的陋习（贵族、教士文化教育存在的问题），尤其是通过给未来的统治者——贵族和教士以良好的教育，无疑，我们将会享有真正的公众福利……因为通过这种方法，我们可以使许多人便于接受教育，给这些物质上富裕的人以许多外在美德的培养，让他们充满智慧、易于管理”。[②] 科利特（John Colet）建立了英国第一所人文主义性质的学校——圣·保罗学校。他在学校规章中直接阐释了自己的教学目的。希望孩子们“自始至终学习拉丁文和希腊文的优秀作品，学习那些把各种罗马人的雄辩才能和智慧结合起来的优秀作家的作品，特别是那些用高雅而简洁的拉丁散文或诗歌写下了他们的名言懿训的基督徒作家的作品，因为我的意图是，通过这所学校，专门使孩子们增加知识，增进他们对上帝对我主耶稣基督和优良的基督徒生活和礼仪的崇敬”。[③] 科利特希望学生学习古希腊、罗马时期和早期基督教作家的著作，意在通过教育让学生学到真正的拉丁语、希腊语，利于学生研读宗教作品，培养宗教的虔诚感。受科利特的影响，

---

① Henry Peacham, *The Complete Gentlemans: the Truth of Our Times, and the Art of Living in London*, New York: Cornell University Press, 1962, p. 18.

② David Cressy, *Education in Tudor and Stuart England*, London: Edward Arnold, 1975, p. 16.

③ ［美］E. P. 克伯雷：《外国教育史料》，任宝祥、任钟印主译，华中师范大学出版社1991 年版，第 236 页.

伊拉斯谟（Erasmus）也在抨击教会的腐败堕落时，将教育视为解决宗教问题的重要途径。他强调将古典文化知识与宗教虔诚相融合，培养虔诚的教士。伊拉斯谟指出："如果你全力研究圣经，如果你日夜研究上帝的律法，那么什么恐吓都不能压倒你，你就能抵御敌人的任何进攻。我还要指出，明智地阅读异教诗歌和异教哲学著作，对基督徒生活将是一种很好的准备……一些异教书籍尽管有很好的文学表达形式，但其内容却有不道德的因素，我当然无意于让你去吸收这些不道德的东西。我敢肯定你会在古典著作中发现很多例子，这些例子会指引你正确地生活。很多古代作家毫无疑问的是非常好的道德方面的导师。"①

培养教士是中世纪以来教育的传统目标，但与之相比，都铎时期教育目标的不同之处主要在于不再让教士沉溺于经院主义教育，而是强调从古典文化中吸取养分，将古典文化知识运用于宗教教育之中。首先，古典文化知识有助于培养出虔诚的教士，实现人文主义的教育理想。以科利特、伊拉斯谟等为代表的基督教人文主义者认为熟知古典语言和善于运用人文主义方法，有利于深化对圣经和早期基督教作家著作的研究，这样可以把握基督教的本质精神，而使信仰成为一种活生生的力量。其次，希腊罗马的古典文化中包含着很多对基督教有益的成分，这些东西有助于促进基督教的信仰。② 从这两方面来说，古典文化对宗教有强化作用，能促使人更加虔诚，培养出虔诚的教士。

都铎时期人文主义教育目的在很大程度上是对古典时代甚至是早期基督教时代教育培养目的的借鉴与模仿，但它关注了世俗社会的教育需求。教育开始为世俗社会服务，出现世俗化趋势。尽管如此，这一时期的教育思想并没有将宗教教育内容排斥在教育领域之外，尤其在都铎时期的教育思想中宗教色彩依然比较浓厚。人文主义教育理论家强调将骑士文化与古典文化相结合，培养未来的"统治者"、完美的绅士，但也强调将基督教文化与古典文化相结合，培养虔诚的教士。教育目标中世俗性与宗教性并存是这一时期教育思想的典型特征。

---

① 吴式颖、任钟印：《外国教育思想通史》，湖南教育出版社 2005 年版，第 268—269 页。

② Fritz Caspari, *Humanism and the Social Order in Tudor England*, Chicago: The University of Chicago Press, 1954, p. 30.

第二节　人文主义者的教育计划

为了实现人文主义教育目的，人文主义者提出了较为详尽的教育计划。教育计划是都铎时期英国人文主义者对不同年龄段受教育者的教育内容进行的安排，主要包括以古典文化及著名人文主义者的作品为核心的文化知识教育计划和各项体育锻炼计划，是人文主义教育思想的重要组成部分。

托马斯·埃利奥特（Thomas Elyot，1490—1546年）曾对人文主义教育计划作了较为全面的论述。埃利奥特是英国第三代人文主义者的典型代表，他继承、发展了早期人文主义者的思想，推动英国人文主义运动的民族化进程。埃利奥特出身于一个有文化的绅士家庭。父亲理查德·埃利奥特是一名地方官员，后成为高级律师，1509年担任四季法庭法官。受父亲的影响，托马斯·埃利奥特从幼年时起就一直生活在良好的文化氛围之中。由于父亲是以托马斯·莫尔为核心的伦敦人文主义学术社团中的重要成员，埃利奥特因此耳濡目染地学习了人文主义文化。随后，父亲又安排他跟随著名的人文主义者林纳克学习。1511年，在父亲的帮助下，托马斯·埃利奥特获得了四季法庭的书记员之职，从此开始了政治生涯。此后，埃利奥特还担任过驻外大使、枢密院议员等高级官职。1530年被敕封为骑士。从埃利奥特爵士的生活经历中，我们可以发现，虽然他没有像科利特、林纳克等早期人文主义者那样远赴欧洲大陆，到人文主义运动的发源地近距离地感触、学习新文化，但从小生活在人文主义文化的氛围之中让他能够拥有丰富的人文主义知识，掌握人文主义思想的精髓。正如托马斯·莫尔盛赞的，在我的“追求高雅文学的朋友和同仁之中，托马斯·埃利奥特是一位非常著名的英语作家”。[①] 而且，长期活跃于英国政治舞台上，让埃利奥特爵士积累了大量的从政经验，也为他从英国政治发展需要出发考虑教育的重要性提供了可能。1531年，埃利奥特爵士著《统治者必读》就是这一思想的总结。在书中，他详细考察了应该如何培养未来统治者与完美绅士的问题。该书1531年在伦敦首次出版发行后，

① Fritz Caspari, *Humanism and the Social Order in Tudor England*, Chicago: The University of Chicago Press, 1954, p. 77.

半个世纪内年续再版 8 次。该书成为都铎时期贵族子弟的必读书目，对英国贵族子弟的教育、对贵族的精神生活与文化生活、对塑造英国贵族新形象都产生了很大的影响。与英国早期人文主义者的作品不同，该书在结合英国现实需要的基础上，对人文主义思想进行阐释，代表了都铎时期人文主义者对教育的集中思考。因此，下文将以此为例并结合其他人文主义者的教育思想，考察人文主义者对教育计划的思考。

都铎时期的人文主义者认为，无论是未来的统治者，还是完美的绅士，都需要既有渊博的文化知识，也有强健的体魄。因此，他们从文化知识的教育与体育锻炼两个方面拟订了贵族子弟的教育计划。

一　文化知识教育计划

埃利奥特认为，贵族子弟的教育应该从学龄前（在 7 岁之前）就开始。中世纪以来，贵族子弟往往在 7 岁以后才开始接受教育。但埃利奥特强调孩子们在 7 岁前就应该接受文化知识，尤其是古典拉丁语的教育。都铎时期的人文主义者认为古典时代的拉丁语纯粹、典雅，是真正的拉丁语。[①] 而中世纪的拉丁语是“粗俗、谬误、掺了假的拉丁文”。[②] 人文主义者将中世纪的拉丁语排斥在学校教育之外，却极力提倡古典拉丁语。埃利奥特认为，在 7 岁之前，孩子们要跟随保姆学习拉丁语。因此，挑选保姆，要考虑到是否会讲拉丁语，以便培养小孩能用拉丁语流畅交流的能力。[③] 虽然都铎时期人文主义运动已经获得了很大的发展，但作为一种知识运动，它主要限于社会上层和其他精英群体。社会下层妇女很少有机会接触这种高雅的语言。因此，贵族要挑选能讲古典拉丁语的妇女担任孩子的保姆，是很不现实的。但作为一种教育理想，它仍然传达出这样一种信息，埃利奥特希望小孩在 7 岁以前就培养清晰、完美、准确地表达自己思想的能力，能用拉丁语自由交谈。[④] 在这个学习阶段，保姆实际上承担起了教师的责任。

7 岁以后，贵族子弟应该接受全面的文化知识教育。其教育具体分为

---

① Thomas Elyot, *The Boke Named the Governour*, London: J. M. Dent Co, 1907, p. 22.

② ［美］E. P. 克伯雷：《外国教育史料》，任宝祥、任钟印主译，华中师范大学出版社 1991 年版，第 237 页。

③ Thomas Elyot, *The Boke Named the Governour*, London: J. M. Dent Co, 1907, p. 22.

④ Ibid., p. 23.

以下三个阶段。

第一个阶段，7—13 岁的年轻贵族应该主要学习古典语言与古典文化。古典语言主要是指拉丁语、希腊语、希伯来语三种“有学问的语言”，是学习古典文化的基础。因此，埃利奥特要求学生学习古典文化之前，先学习 3 年的希腊语、拉丁语，甚至是法语。尤其要重视拉丁语的学习，要能够用高雅的拉丁语进行日常交流。这既是对前一阶段学习的巩固，也是为古典文化学习奠定坚实的基础。学完古典语言之后，学生要通过阅读原著学习古典文化。埃利奥特的教育计划中，古典文化主要指用希腊语、拉丁语著述的作品。其中，他推荐学习的希腊语作品主要是希腊寓言作者伊索（Aesop，前 620—前 560 年）的《伊索寓言》，公元 2 世纪希腊讽刺作家琉善（Lucian）的《对话》、古希腊历史学家希罗多德（Herodotus，约前 484—前 425 年）的《历史》和希腊戏剧家阿里斯托芬（Aristophanes，约前 450—前 385 年）的喜剧作品，但最重要的是学习荷马的史诗《伊利亚特》和《奥德赛》。要学习的拉丁语作品主要有古罗马诗人维吉尔（Virgil，前 70—前 19 年）、奥维德（Ovid，前 48—公元 17 年）和贺拉斯（Horace，前 65—公元 8 年）等人的作品。① 相比中世纪以来行会学校教学生读、写、算等职业性很强的基础知识而言，埃利奥特推荐学习古典文化，似乎缺乏实用价值，但它有助于提高贵族子弟的素质，促进人的全面发展。

第二阶段，14 岁以上的贵族子弟应该学习修辞学、历史、逻辑学、宇宙结构学，尤其应该学习修辞学与历史。埃利奥特强调修辞学的重要性与都铎时期政治需求有密切的关系。在都铎时期的政治生活中，能用典雅的拉丁语进行演说是统治者应该具备的一项重要才能。而修辞学是一门“使我们有能力用文雅的、有说服力的风格来说话和写作”的学问。② 因此，英国贵族要掌握谈话、演说技巧，首先必须学习修辞学。政治需求使修辞学在贵族子弟的教育中居于重要地位。因此，埃利奥特要求学生在第二阶段的学习中，首先应该热心地学习修辞学，学习作为一名演说家的技巧。为此，他推荐学习古罗马演说家西塞罗（Cicero，前 106—前 43 年）的《主题》与其他修辞学著作，并辅之以古希腊修辞学家伊索克拉底

---

① Thomas Elyot, *The Boke Named the Governour*, London: J. M. Dent Co, 1907, pp. 35 - 37.

② Ibid., p. 41.

(Isocrates，前 436—前 338 年)、罗马修辞学家昆体良（Quintilian，约 35—95 年)、古希腊政治家兼演说家德谟斯提尼（Demosthenes，公元前 384—前 322 年）以及人文主义者伊拉斯谟的修辞学作品。埃利奥特的修辞学教育是为政治生活服务的，意在提高未来统治者的政治素养。

在埃利奥特的教育计划中，历史学占有非常重要的地位。在文艺复兴时代的人看来，历史学具有很强的现实价值。如维夫斯认为历史像个范例，"无论回忆过去的什么事情，对你都是有用的。比如你要做什么事情，回忆这种事情在过去是这么或那么做的，那么你就可以用同样或类似的方式方法来对待你的行动"。[①] 历史不仅于个人事务有益，对国家事务也有益，"历史的最大、最重要的用处是为了公民政府和公共事务的行政管理"。[②] 和维夫斯一样，埃利奥特也注重历史的功利价值。他认为，没有哪一门学科比历史更实用。[③] 正是从实用性角度出发，埃利奥特推荐学习古罗马帝国的皇帝提图斯（Titus)、古希腊将军兼历史学家色诺芬(Xenophon，约公元前 430—前 354 年)、古罗马历史学家恺撒大帝(Cesar，前 102—前 44 年)、古罗马历史学家萨鲁斯特（Sallust，前 86—前 34 年）以及塔西佗（Tacitus，55—120 年）的作品。在埃利奥特看来，提图斯的作品文笔典雅，而且可以让读者了解罗马帝国的发展历程，为本国的发展提供借鉴。色诺芬的历史著作可以让人理解到一个优秀的君主应该具备智慧、意志力、力量、明智、敏捷性、勇气、道德高尚、慷慨大度等品性。凯撒和萨卢斯特的作品有利于培养未来统治者准确、完美的判断力。塔西佗的历史著作涵盖了政策咨询与演说方面的知识。塔西佗的作品不仅可以让读者了解与战争有关的知识，也可以让他们了解到与国家事务管理相关的知识。[④]

第三阶段，17—21 岁的贵族子弟要学习《圣经》、学习伊拉斯谟的《基督君主的教育》，尤其要学习哲学。自古典时代以来，哲学主要是自然哲学、道德哲学与形而上学哲学。在哲学研究的这三个领域中，都铎时期学者比较重视道德哲学的学习与研究。埃利奥特非常关注探讨人与人、人与社会的关系，强调从伦理学的意义上理解哲学。因为道德哲学既教给

---

① 吴元训：《中世纪教育文选》，人民教育出版社 2005 年版，第 289 页。

② 同上书，第 288 页。

③ Thomas Elyot, *The Boke Named the Governour*, London: J. M. Dent Co, 1907, p. 47.

④ Ibid., pp. 45 - 47.

未来的统治者以美德、高雅的举止，也教给他们管理之术。正如他所言，哲学可以让未来的统治者学会怎样用理性约束他们的冲动。[①] 基于此，他主要推荐学习亚里士多德的《伦理学》、西塞罗的《论职责》与柏拉图的哲学著作。其中，亚里士多德的《伦理学》界定了美德的含义与重要性，西塞罗的《论职责》阐释了未来统治者应履行的职责以及应遵循的行为方式，而柏拉图的著作可以让未来统治者的判断力趋于完美。[②]

到21岁时，贵族子弟已经结束文化知识的学习阶段。但如果要跻身政界，成为统治者中的一员，他们还需要到法律协会（the Inns of Court）或法学院（the Inns of Chancery）学习法律知识。法律协会指伦敦具有授予律师资格权的法学团体。法学院原指伦敦法律协会管理下的10所法科学生宿舍。法学院里的人主要是大法官法庭职员，为国王法庭起草诉状。一般情况下，他们获得法律协会颁发的律师资格证以后才会成为法律协会成员。因此，在当时，法学院的地位低于法律协会。这一时期，大多数贵族、乡绅之子都会进入法律协会或法学院继续学习。其中，有的人确实准备从事法律职业，但也有的人仅仅是希望获得一定的法律知识或处理问题的技巧，为管理家族产业奠定基础。埃利奥特继承了这一传统教育模式，认为贵族子弟在接受系统的文化知识教育之后，还应该到法律协会或法学院接受专业技能教育。当时的法律著述以及诉状大多以古典语言，尤其是拉丁语写成，而且内容不仅涉及诉讼技巧，也涉及辩论、修辞等技能。因此，法律教育不仅可以让贵族子弟巩固拉丁语、希腊语知识，而且可以提高运用辩论、修辞进行演说的能力，还可以学到治理国家的知识。

其他人文主义者也大多提出过各自的教育计划，但相比而言，这些教育计划不及埃利奥特的教育计划翔实。尽管如此，他们也从人文主义教育目的出发，提出了性质大体相似的教育内容。如托马斯·莫尔在《乌托邦》中安排乌托邦人学习音乐、逻辑、算术、天文学知识。此外，在哲学方面，乌托邦人要学习柏拉图和亚里士多德的作品；在希腊文学方面，他们要学习诗人荷马、悲剧作家欧里庇得斯与索福克勒斯、戏剧作家阿里斯托芬及讽刺作家琉善等人的作品；在历史知识方面，他们要学习修昔底德、希罗多德、赫罗提安等历史学家的作品；医学方面，他们要学习古希

---

① Thomas Elyot, *The Boke Named the Governour*, London: J. M. Dent Co, 1907, p. 47.

② Ibid., p. 48.

腊医生希波克拉底和罗马著名医学家盖伦的一些医学著述。莫尔没有像埃利奥特那样，为不同年龄段的乌托邦人提出详细的教育计划，但我们可以从莫尔的教育内容中了解到，乌托邦人教育的核心是希腊哲学、文学、史料编纂法和科学。此外，莫尔也将人文主义者伊拉斯谟的《论教学的正确方法》《词语的丰富》或威廉·利利的《利利文法》等作品列入教学计划。[①]

从人文主义者提倡的文化知识教育内容中，我们可以发现，人文主义教育思想强调自由七艺的教育，文法、修辞、逻辑以及算术、几何、天文、音乐等科目在人文主义者的教育计划中都得到了不同程度的重视，中世纪以来的自由教育各科在都铎时期都得到了相当程度的发展。但与中世纪自由教育以神学为核心，强调逻辑学、形而上学哲学等为信仰服务的教学内容不同，这一时期的自由教育以古典文化知识为核心，更强调修辞学、道德哲学等与现实社会需求和人的全面发展相关的知识。

二　体育锻炼计划

在埃利奥特的教育计划中，体育锻炼与文化知识的教育是同等重要的。他认为，体育锻炼可以提高个人身体活动的适应能力，应付未来生活中可能会发生的各种突发事情。[②] 和学习文化知识的出发点一样，为了培养出未来统治者，让他们拥有更强壮、更坚强、更敏捷的身体素质，他指出贵族子弟在 13 岁以后，就应该接受全面的、不间断的体育锻炼。[③] 具体而言，埃利奥特的体育锻炼计划分为以下几个方面。

首先，埃利奥特推荐贵族子弟进行角力、跑步、游泳、用长弓射击等方面的锻炼。这些项目的体育锻炼有着悠久的传统，但在都铎时期的贵族中已经不太盛行，而埃利奥特却从增强体质、提高战斗力的角度出发，大力提倡对这些项目的学习。他认为，角力是一项可以给人带来愉悦之情的体育运动，是贵族子弟在青少年时期就应该进行的一项非常好的锻炼。[④] 不仅如此，角力运动还可以锻炼个人的力量与勇气。在战场上，当手中的

① Fritz Caspari, *Humanism and the Social Order in Tudor England*, Chicago: The University of Chicago Press, 1954, p. 69.

② Thomas Elyot, *The Boke Named the Governour*, London: J. M. Dent Co, 1907, p. 72.

③ Ibid.

④ Ibid, p. 73.

武器失去作用的时候，拥有力量、勇气以及角力的技巧将是非常有利的。① 与此相似，埃利奥特也认为，跑步既是一项很好的锻炼，也是最值得称道的放松形式。他在书中列举了大量的例子说明跑步如何能提高战斗力。如古希腊城邦底比斯的将军伊巴密浓达（Epaminondas，前 418—前 362 年）是一位非常勇敢的统帅。这得益于他每天早上练长跑与跳跃，在晚上练角力。因为练角力可以使他更强壮，让他在战争中能将敌人抱住，摁倒在地上。练长跑和跳跃则可以让他在战争中能迅速追上敌人，并抓住对方。② 为了能更有效地战胜敌人，埃利奥特号召每一位贵族子弟都坚持跑步，“因为罗马所有的统帅都是跑步能手”。③ 游泳也被埃利奥特视为克敌制胜的重要手段。他以游泳在罗马战胜迦太基的战争中发挥了重要作用为例，说明了这一问题。迦太基是地中海西部一个强大的国家。公元前 3 世纪罗马为了发展海上势力，与迦太基争夺西西里岛，罗马与迦太基之间由此发生了第一次战争（前 264—前 241 年）。埃利奥特认为，在这次海战中，迦太基人兵败之后已经坐上船只，企图从海上逃走。罗马年轻人察觉之后，跳进海里，游到船上，将之一举歼灭。④ 可见，游泳对战争胜利的影响之大。此外，埃利奥特也极力强调使用长弓射击。他认为，“没有任何一种锻炼比用长弓射击更有用”。⑤ 与埃利奥特一样，都铎时期另一位著名的人文主义者罗杰·阿斯堪也非常重视而且非常擅长用长弓射击，并著有一本被称为“第一本射击类书籍”的《用长弓射击》。⑥ 该书阐释了用长弓射击的重要性以及锻炼的方法。但在都铎时期，英国贵族已经很少进行这项锻炼。埃利奥特也是从战争需要的角度出发，强调用长弓射击的优势。他认为，用长弓射击不仅可以增强抵御外敌的力量，而且可以适当地锻炼臂力和身体其他部位，增强个人力量。因此，埃利奥特认为“用长弓射击是任何其他锻炼都无法比拟的”。⑦

其次，埃利奥特重点推荐了骑马、狩猎、击剑等在贵族中非常盛行的体育锻炼。自中世纪以来，这些项目一直深受贵族们的喜爱，是贵族们的

① Thomas Elyot, *The Boke Named the Governour*, London: J. M. Dent Co, 1907, pp. 73 – 74.
② Ibid., p. 74.
③ Ibid.
④ Ibid., p. 77.
⑤ Ibid., p. 112.
⑥ Roger Ascham, *Toxophilvs*, EEBO, 1589, p. 1.
⑦ Thomas Elyot, *The Boke Named the Governour*, London: J. M. Dent Co, 1907, p. 112.

重要娱乐形式。埃利奥特认为，骑马是贵族子弟最需要学习的技能。“最值得荣耀的锻炼是平稳、利落地骑上高大的骏马”。[①] 中世纪以来骑马成为贵族与平民之间的一个主要区别，成为贵族身份的重要标志。从这个意义上说，埃利奥特将骑马视为“最荣耀的锻炼”是可以理解的。埃利奥特不仅从体现贵族高贵出身的角度，而且从提高战斗力的角度，阐释了骑马的重要性。他还认为，拥有一匹烈马以及精湛的马术也可以大大提高战斗力。他以亚历山大大帝为例说明了这一问题。亚历山大大帝能不断地开疆拓土，与他拥有一匹神骏的烈马比塞弗勒斯（Bucephal）以及拥有精湛的骑术有很大的关系。比塞弗勒斯为亚历山大开疆拓土屡建奇功。如在马其顿与希腊城邦底比斯的战斗中，战马比塞弗勒斯多处受伤，但它并没有倒下，而是继续带着亚历山大大帝，英勇作战，打击、消灭众多敌人。[②] 埃利奥特认为，亚历山大帝国是在马背上建立起来的，与此相似，英国贵族与绅士也需学会骑烈马。这在战场上“追赶敌人、冲散敌阵，或者是在紧急情况下逃生时，也是非常有益的”。[③] 因此，他认为骑马是每个年龄段都必须学习的内容，每一名绅士在未成年时，就应该学会骑上一匹高大的烈马。[④]

在埃利奥特看来，狩猎也是一项值得称道的锻炼。在都铎时期的人文主义者看来，狩猎运动不仅是消遣娱乐的重要方式，也是对战争的一种模拟演练。在时人看来，狩猎与战争在诸多方面有相似性。如狩猎的时候，狩猎者可能会遇到各种凶猛的野兽，稍不注意，便会丧生，其危险性不亚于面对一场场严酷的战争。在这种状况之下，他们必须有勇气与力量面对野兽，需要熟练地运用剑、斧、弓箭、标枪或飞镖等武器攻击野兽，保护自己。他们甚至需要凭借精湛的马术，跋山涉水追击、猎取野兽。如果遇到持续不断的狩猎，他们还需要解决长时间战争中时常会出现的饥渴、冷热等问题。[⑤] 可见，狩猎需要的敏捷性与速度、需要掌握的技巧与策略都是战争中必须具备的素质。基于此，埃利奥特指出狩猎可以最大限度地“显示贵族的勇敢与活动能力”，是“对战争的模拟演练”，是贵族子弟最

---

① Thomas Elyot, *The Boke Named the Governour*, London: J. M. Dent Co, 1907, p. 78.

② Ibid.

③ Ibid.

④ Ibid., p. 79.

⑤ Ibid., p. 81.

需要进行的锻炼。[①]

此外，埃利奥特也极力推荐贵族子弟接受高雅的舞蹈训练。埃利奥特将舞蹈视为体育教育计划的重要组成部分，认为它不仅可以给人带来快乐，而且也可以培养贵族的各种美德。如男人与女人有着不同的天性。男人天性“暴烈、强硬、武断、贪恋荣誉、渴望知识”，而女人天性“温和、羞涩，温顺、宽厚、谦逊”。[②] 当男女一起跳舞时，上述诸多相互冲突的性格将调和起来，培养出审慎、宽宏大量、坚定忠实、珍视荣誉、节制等各种美德。不仅如此，在埃利奥特看来，舞蹈也有一定的实用性。在战争胜利的时候，可以用舞蹈表达欢喜、愉悦之情；在陌生的环境中，当人们无法用语言交流的时候，可以用舞蹈表达自己的思想；在休闲娱乐的时候，也可以用优美的舞姿演绎感人的故事，陶冶性情。因此，他推荐贵族子弟在接受文化教育的整个阶段都要学习高雅的舞蹈。学习舞蹈，他们不仅可以收获快乐，也会从中得到益处。[③]

埃利奥特培养未来统治者的教育理想促进了近代早期英国教育思想的发展。伊丽莎白女王的掌玺大臣尼古拉斯·培根爵士（Nicholas Bacon，1509—1579 年）早在 1539 年就曾草拟过一份教育计划，希望对传统的教育模式进行改革，培养未来的政治家。该计划拟定聘请五位教师分别讲授以下课程。“第一位教师讲解民法和军事。第二位教师讲授拉丁语和希腊语，也讲授公文写作。第三位教师讲授法语和其他语种。第四位教师讲授音乐和贵族需要的其他知识。第五位教师传授骑马、训马等技巧。”[④] 这份教育计划比较粗略，但可以看出，它强调拉丁语、法语、音乐、法律、写作、绘画、骑马、射击、舞蹈等培养未来统治者与完美绅士的知识。这是典型的人文主义教育。为了实现自己教育理想，尼古拉斯·培根爵士还倡议建立一所新型学校，专门为王室培养外交人才。他为这所学校提出了一个教育计划。在这份计划中，他主张部分学生出国见习，学习外交实务；部分学生学习外交史家或者是历史学家记录下来的外交记录与国家的法律程序，学习外交理论与经验。这项计划最终被搁浅了，虽然没有付诸

---

① Thomas Elyot, *The Boke Named the Governour*, London: J. M. Dent Co, 1907, p. 79.

② Ibid., p. 94.

③ Ibid.

④ Kenneth Charlton, *Education in Renaissance England*, London: Routledge & Kegan Paul, 1965, p. 155.

实施，但它仍反映出时人培养未来统治者的教育理想，体现出人文主义教育的功利性色彩。

本节主要通过解读埃利奥特的《统治者必读》，从文化知识教育与体育锻炼两个方面考察了人文主义者的教育计划。教育计划体现着人文主义教育的目的。从埃利奥特的教育计划中，我们可以发现人文主义者继承了中世纪自由教育与骑士教育观念，针对有闲的统治阶级提出了一个旨在培养统治者的素质和人的全面发展的教育计划。在骑士教育的基础之上，人文主义教育计划加强自由七艺的教学，借鉴古典文化塑造贵族子弟的心智与美德，注重人的全面发展。相对于中世纪而言，这一教育理想与方案是一个巨大的进步，有不少可取之处并为后人所继承。当然相对于现代社会而言，它也有局限性。人文主义教育理想有与现代社会不相适应的方面，如不重视专业知识与技能的教育。尽管如此，它仍然体现出文艺复兴时期的精神风貌与时代特征，展露出新时代教育的曙光。

第三节　人文主义者的教学方法

教学方法是人文主义者培养完美绅士与未来统治者，实现教育目标的关键所在，是人文主义教育思想的重要组成部分。都铎时期人文主义者大多提倡采用更人性化的方式教学，改革中世纪以来一直盛行的非人道的教学方法。但他们对教学方法的阐释大多限于一些零星的描述，很少进行系统的论述。现存的人文主义著作中，对教学方法进行集中探讨的是罗杰·阿斯堪（Roger Ascham，1517—1568 年）的《教师手册》。

罗杰·阿斯堪是 16 世纪英国著名的人文主义者。他于 1530 年在剑桥大学圣·约翰学院注册入学。在学习期间，受著名人文主义者雷德曼和奇克的影响，对拉丁语和希腊语产生了浓厚的兴趣。1537 年获得硕士学位，并留校任教，在大学讲授人文学科，成为推动剑桥大学希腊语繁荣的重要人物。因其在希腊语方面的卓越才能，他先后被任命为希腊语皇家教授、伊丽莎白公主的家庭教师。与其他人文主义者广泛涉足政治生活不一样，阿斯堪一直在剑桥大学任教，直到去世。作为一名大学教师，阿斯堪在当时教育领域享有声誉，对人文主义教学方法也很有心得。因此，他应贵族的邀请，结合自己的教学经验，写了《教师手册》一书。该书不仅从不同的层面，详细地考察了人文主义教学方法，而且也考察了人文主义教学内容。1570 年，该书在伦敦首次刊印，到 1600 年之前已经五次再版。和埃利奥特爵士的《统治者必读》一样，《教师手册》也是都铎时期贵族子弟接受教育的必读书目，是英国最畅销的图书之一，对英国人现代精神的塑造产生了相当大的影响。鉴于此，本节将以阿斯堪的《教师手册》中提出的教学方法为主导，兼及其他人文主义者对教学方法的论述，考察人文主义者对教学方法的思考。

一 反对体罚

体罚是中世纪教师使用的常规教学方法，又称“鞭子教学法”，即教师通过鞭笞的方法强制学生学习，加强对学生的管束与约制。在中世纪的教育史上，这种教学方法非常普及。“对任何社会出身，任何年龄的学生来说，体罚是惩罚学生在学业上犯错误的常用方法。”[①] 与此相应，中世纪教师教学用的主要教具不是书本，而是用于进行体罚的棍棒和一束桦树条。在描述中世纪学校生活的木刻画和油画中，总能见到一束束做教鞭用的桦树条。有关中世纪学校生活的作品中，也总是充斥着描述学生被鞭笞后因痛苦而哭泣的情景。中世纪牛津大学贝利奥尔学院（Balliol College）和林肯学院（Lincoln College）规章甚至明确规定，上自校长，下至普通教师都有权体罚学生。在大学生活中，“导师和教务长总是体罚学生，直到他们毕业”。[②] 体罚成为大学生活的一部分，甚至中世纪牛津大学学生毕业，学校为之授予学位时，会附带授予一枝桦树条，以示已经获得教师资格，可以从事教师工作。

中世纪体罚通常采用两种形式进行。最常见的方式是用桦树条打屁股，直到打得流血。这种体罚方式在有关中世纪学校教育的绘画作品中随处可见。对此现象有人揶揄道：上帝的智慧尤其表现在，（他）创造了人的屁股，以致再怎么严厉地鞭打都不会有什么大碍。[③] 第二种体罚方式是用戒尺责打身体，直到打肿为止。更有甚者，还会对学生施行监禁、绝食等惩罚。残酷的体罚往往会使人身心备受摧残，“无论我是说话、保持沉

① Lawrence Stone, *The Family, Sex and Marriage in England 1500 - 1800*, London: Penguin Books, 1990, p. 117.

② Ibid., p. 118.

③ Ibid., p. 122.

默，是坐着、站着还是走路……也无论我将事情做得多么完美，仍会受到尖刻的辱骂，残酷威胁，有时甚至是掐、咬、下跪……这些措施让我感觉到自己生活在地狱里。”[①] 难怪17世纪道德神学家向小孩解释“地狱”是什么样子的这一问题时会这样描述：它是“一个比被鞭笞更可怕成千上万倍的地方”，而天堂则是一个“小孩永远不再被鞭笞”的地方。[②]

用现代人的眼光看来，中世纪的教学方式是非常不仁道的，但在中世纪漫长的千年岁月里，教师为什么在教学过程中普遍采用严厉的体罚？这种粗暴的行为折射出一种什么样的文化现象？

首先，中世纪教师在教学过程中普遍采用严厉的体罚源于基督教的“原罪说”。“原罪说”是基督教宣扬的人类需要救赎的一个基本出发点。原罪源于人类的始祖亚当、夏娃的犯罪与堕落。由于人类的始祖犯了罪，因此人一生下来就有罪，是带着罪来到尘世的。“虽然他们还未长出罪孽的果实……（婴儿们）已带上了罪的种子，甚至可以说他们的整个天性都倾向于罪恶，因而经不住要仇视上帝。”[③] 依据“原罪说”，一个人从幼年时代开始，就必须接受严格管束，一旦放松对孩子们的管制，将会导致他们放荡和道德败坏的习性。“如果不在年轻的时候通过体罚进行管束，成年后将会无可救药地堕落下去。”[④]从“原罪说”的基本教义出发，出于灵魂救赎的需要，鞭笞被视为压制孩子，甚至是成年人的欲望、防止堕落的可靠方式。体罚因此成为中世纪社会的特有现象。直到16世纪末17世纪初，鞭笞在英国仍然非常盛行：每一个城镇、每一个乡村都有缚受鞭刑者的鞭挞柱。[⑤] 在这种社会氛围下，教师推行鞭子教学法，强调体罚在教学中的重要性似乎就不足为怪了。

教师以对学生的终极关怀为出发点，将鞭笞视为对学生进行约束的普遍方法。这种方法从学生入学一直持续到大学毕业，伴随着学生各个阶段

---

① Lawrence V. Ryan, *The Schoolmaster (1570) by Roger Ascham*, Charlottesville: University Press of Virgina, 1967, p. 36.

② Lawrence Stone, *The Family, Sex and Marriage in England 1500 – 1800*, London: Penguin Books, 1990, p. 117.

③ 向荣：《16、17世纪英国政治文化中的父权主义》，《史学月刊》2001年第1期。

④ Rebecca W. Bushnell, *A Culture of Teaching: Early Modern Humanism in Theory and Practice*, London: Cornell University Press, 1996, p. 26.

⑤ Lawrence Stone, *The Family, Sex and Marriage in England 1500 – 1800*, London: Penguin Books, 1990, p. 121.

的学习过程，以便控制他们的邪念，防止他们出现放荡的行为，让他们远离地狱。“如果你用鞭子鞭打他，你将从地狱中解救他的灵魂”。[①]鞭笞成为学生灵魂救赎的理想方式，也成为中世纪教学中一种特有的现象。

其次，学校教学中盛行体罚，也在一定程度上受当时政治文化思潮的影响。中世纪以来英国国王被赋予了巨大的权威和权力。[②] 这一主流思潮通过家、国类比的方式，父亲、君主类比的方式在臣民中得以贯彻下来。“国是家的扩大，君主是国家的父亲。因此，君主拥有父亲对子女那样自然的权力和权威。”[③] 与这种政治文化思潮相一致，出于维护权威的需要，15 世纪以后的教学理论往往会将教师与父亲、君主进行类比。直到近代早期，教师的权威经常会被比作父亲的权威。培根在教义问答中借一对父子之间的对话，表达了自己的观点，学生应该尊敬教师，维护教师的权威。“如果父亲仅赐予我们以身体的成长，这是任何一种动物都能做到的，没什么可夸耀的；但受人尊敬的教师，则以诚实的美德和虔诚的品德培育、整饬、修饰我们的身体与心灵！”[④] 这一时期的教育理论家也将教师与君主进行类比。“依据国家法律规定，臣民必须忠诚于君主和统治者。那么，在学校，教师就是学生的‘君主’，学生应该服从教师。”[⑤]

在父权主义思想盛行的时代，虽然在现实生活中，教师的权威比不上父亲、君主的权威，教师的社会地位也很不稳定的，即便名师往往也要受贵族庇护。但在学校、在课堂上，教师的身份既表现也强化了父亲或君主的最高权威的观念。教师可以通过鞭笞让学生因害怕疼痛，产生对权威的敬畏，灌输顺从思想，将之培养成模范市民。鞭笞作为一种制度沿袭下来，有力地支持了君权主义的社会观念。理查德·马尔卡斯特为教师采用体罚方式教学进行辩护时，用政治色彩非常浓厚的语言说，教师的教鞭类似于君主的宝剑和权杖，象征教师的权威。正如自古以来，君主利用宝剑和权杖，通过各种方法，让臣民服从一样，学校教师也需要利用教鞭，不

---

① Lawrence Stone, *The Family, Sex and Marriage in England 1500 - 1800*, London: Penguin Books, 1990, p. 125.

② 参见向荣《16、17 世纪英国政治文化中的父权主义》，《史学月刊》2001 年第 1 期。

③ Ibid.

④ Rebecca W. Bushnell, *A Culture of Teaching: Early Modern Humanism in Theory and Practice*, London: Cornell University Press, 1996, p. 41.

⑤ Ibid., p. 34.

惜体罚，让学生学会服从和敬畏。①

人文主义者强烈反对以体罚的方式进行教学。罗杰·阿斯堪认为"学生缺乏知识、缺乏勇气、缺乏所有有益的东西，唯独不缺乏体罚和使他们厌学的责骂"。② 他在分析贵族子弟不愿上学接受文化知识教育的原因时，认为是体罚让年轻人厌学。"英国年轻的绅士不愿上学，却乐于骑马的唯一原因是：教师采用威吓的方式教学，而聪明的骑手通过温和的诱导，教他们骑马。学生发现在学校受威吓和束缚，而骑马时能感受到自由与快乐。因此，他们喜欢骑马却厌恶学习。"③ 在阿斯堪看来，年轻贵族喜爱娱乐，不爱学习，原因不在于娱乐是令人快乐的，学习是枯燥的，而在于传统教学方式不当。"如果学生因为不会骑马挨揍，而在学习时虽然犯了错误却受到勉励，他将不再去骑马而愿意上学。"④ 因此，要想贵族子弟接受文化教育，将他们培养成人文主义者心中理想的统治者与完美绅士，必须改革传统的教学方式，推行人文主义教学方式。人文主义教学方式主要包括以下内容。

首先，人文主义者提倡快乐教学法。如埃利奥特认为孩子在 7 岁以前还没有正式接受拉丁语教育的时候，就应该教他们用拉丁语说出身边熟悉的事物的名称或身体各部位的名称，而不是用暴力的方式强迫他们学习。⑤ 在孩子们开始学习文化知识的时候，就以一种令人愉快的方式教学，如通过表扬或送给孩子们一些喜欢的小礼物等方式诱导他们学习，而不是通过暴力的方式强迫他们学习。⑥ 在历史教学的时候，如果只是让学生死记硬背他们"不熟悉的国家、城镇的名称"，则是"乏味的、枯燥的"，但如果以"一种聪明的方式"传授知识，学生将不仅可以获得"无以言说的愉悦"，也可以"增进智慧"。⑦ 阿斯堪也主张教师应该通过爱，以愉悦的方式引导学生学习。阿斯堪在书中分析了当时教学中普遍存在的

---

① Rebecca W. Bushnell, *A Culture of Teaching: Early Modern Humanism in Theory and Practice*, London: Cornell University Press, 1996, p. 35.

② Lawrence V. Ryan, *The Schoolmaster (1570) by Roger Ascham*, Charlottesville: University Press of Virgina, 1967, p. 25.

③ Ibid., p. 33.

④ Ibid., p. 34.

⑤ Thomas Elyot, *The Boke Named the Governour*, London: J. M. Dent Co, 1907, p. 21.

⑥ Ibid.

⑦ Ibid., p. 43.

问题，认为教师总是依据学生接受新知识快慢的程度来衡量其是否是可塑之才，是否值得对其进行教育，并对接受新知识稍慢的学生进行严厉的惩罚。而事实上，这些经常被体罚的人在日后往往会成为社会的精英，如成为律师、宫廷的扈从、公职人员或成功的商人等。而且，最终的事实证明，“他们比那些早年在学习上表现出很有天赋的人更聪明”。[①] 因此，教师应该改变这种先入为主的观念，相信每一个学生的潜力，关心学生的成长，并给他们以鼓励。亨利·皮查姆甚至提出，“在教师与学生之间一定存在着深厚的感情，（如）睿智的伊拉斯谟和维夫斯……通过倾注父亲般的感情给学生……用爱赢得学生的心和感情，（他们）是最好的老师。”[②] 总之，在人文主义者的教育理念中，教师应该以令人愉悦的方式教学，即便是教学的场所——教室，也应该因此成为娱乐与快乐之家，而不是恐惧和束缚之所。[③]

其次，人文主义者强调对学生实行因材施教。针对教师该如何正确对待学生潜力的问题，阿斯堪详细分析了学生的个体差异。如有的学生天赋高，容易接受新知识，但这样的学生学习的兴趣点往往不集中，容易转移注意力，很少能进行非常艰苦的学术研究；有的学生反应慢，接受知识也慢一些，但他们很有恒心。……通过对学生天性分析，阿斯堪指出教师应该据此因材施教，如让天赋高却又缺乏耐性的学生学习音乐、诗歌等，将他们培养成最杰出的诗人；而让反应稍慢、比较有毅力的学生学习演说、哲学等，将他们培养成最优秀的演说家。[④] 教师应该分析学生的个体差异，因材施教，不应该因为学生接受知识比较慢就痛打学生，否则，只能泯灭学生的天性，让他们产生厌学情绪。“在鞭笞学生时，与其说是在纠正错误，不如说是在扼杀学生的天性。”[⑤]

人文主义者强烈反对体罚，主张从学生的天性出发，因材施教，在一定程度上反映了文艺复兴时期强调人的价值与尊严的时代特征，也反映出

---

① Lawrence V. Ryan, *The Schoolmaster (1570) by Roger Ascham*, Charlottesville: University Press of Virgina, 1967, p. 25.

② Henry Peacham, *The Complete Gentlemans: the Truth of Our Times, and the Art of Living in London*, New York: Cornell University Press, 1962, p. 14.

③ Lawrence V. Ryan, *The Schoolmaster (1570) by Roger Ascham*, Charlottesville: University Press of Virgina, 1967, p. 47.

④ Ibid., p. 24.

⑤ Ibid., p. 21.

人文主义者培养完美绅士的教育理想以及实现社会和谐有序的政治理想。都铎时期的人受文艺复兴运动的影响，逐渐以世俗的眼光看待人与世俗社会，开始形成一种新的人生观与价值观，强调人的尊严与价值。在文艺复兴运动的史境下，人文主义者的观点与中世纪神学家主张的“原罪说”和人性恶的观点相左。他们认为人能够获取各种优秀品质不断走向完美。在文艺复兴思潮的影响下，人文主义者将对学生的终极关怀转变为现实关怀，珍视学生的个人尊严，反对体罚，主张应该遵循学生的天性教学，也就成为情理之中的事情。

最后，人文主义者反对体罚，也在于他们担心体罚——这种奴隶式的管教方式会培养出没有个性、只有奴性的奴才，而不是适合社会发展需要的完美绅士。人文主义者认为学校培养出来的应该是完美的绅士，无论是天生的还是后天培养而成的绅士。而那些“像对待所有生物那样，轻率地、无节制地、相当残忍地（体罚学生）以纠正学生（错误）”的教学方法是不能培养出完美绅士的。因为“贵族慷慨大度与高贵的品性，是通过赞扬（而不是体罚）赢得和唤起的”。[①] 尤其对贵族出身的学生，体罚更是一种不适宜的方式。人文主义者认为，它可能会将出身高贵的贵族变成没有个性、奴性十足的人。伊拉斯谟就认为体罚将使人慑于武力而唯唯诺诺，但“‘我们的’后辈需要的是自由，因此应该有一种‘自由的教育’（liberalis educatio），而不是奴性的教育”。[②]

此外，人文主义者反对体罚，也出于维持社会和谐有序的考虑，他们担心鞭笞会引起社会骚乱。维夫斯从心理特征出发分析人具有享受快乐并竭力逃避痛苦的本能，但教师的体罚会妨碍学生的这种本能，会导致学生作为一个群体具有集体反抗的意识，而不是顺从既有的权威。[③] 因为体罚培养出来的顺从，是建立在学生对肤体之痛的恐惧之上的，是被迫的而不是自愿的，一旦约束解除，他会加倍放纵本性中恶的倾向，这会使他们更难被控制。教师要树立威望，让学生服从，不是依靠体罚，而应该依靠德才。“让所有的人都被某种庄严和威望所吸引，让教师在他的学生中间更

---

① Henry Peacham, *The Complete Gentlemans. the Truth of Our Times, and the Art of Living in London*, New York: Cornell University Press, 1962, p. 23.

② Rebecca W. Bushnell, *A Culture of Teaching: Early Modern Humanism in Theory and Practice*, London: Cornell University Press, 1996, p. 31.

③ Ibid., p. 32.

多地激发他们的信任和尊敬，而不是采取殴打和威胁。对教师的智力和品德的仰慕将是学习的最大动力，是产生服从心理的有力影响。”[①] 人文主义者主张通过德才改变学生的心性，让学生学会自律以便加强社会控制，而不是通过压制学生来加强社会的控制。

中世纪的教师与人文主义教育理论家都希望纠正学生的错误，希望将学生培养成学识渊博、德行高尚的人。但由于文化背景的差异，却采用了截然不同的教学方法。中世纪的教育从对学生的终极关怀出发，对学生进行严苛的体罚，而人文主义者则从对学生的现实关怀出发，尊重学生的人格尊严、尊重学生的自由，将学生视为独立的人，这是教学史上的一个进步。随着人文主义运动在英国的发展，人文主义教学思想也在实践中日渐展开，到17世纪人文主义的教学方法已经被社会普遍接受，体罚逐渐取消，17世纪60年代，剑桥大学已彻底根绝体罚。[②]

二　互译法

互译法是人文主义者传授拉丁语知识时使用的教学方法。中世纪以来，拉丁语教学效果非常有限。中世纪拉丁语教学采用由教师将英语短语或句子翻译成拉丁语，学生自己阅读的方式进行。这种机械记忆的方法不仅让学生觉得枯燥乏味，而且随着学生知识的积累，教师翻译句子的长度和难度增加，学生学习的难度也随之增加，教学效果相当有限。此外，在拉丁语教学中，学生没有统一的课本，教学资料只能由教师各自编纂，教学质量直接取决于教师对拉丁语掌握的程度。如果教师的拉丁语水平高，学生接受的教学质量会较高，如果教师本人的拉丁语有限或有误，学生接受的拉丁语教育也相应会出现不足。概括而言，中世纪拉丁语教学主要存在三个方面的问题：首先，选词错误，如当时著名的文法学家威廉·霍尔曼和罗伯特·惠廷顿都写了《方言》一书，该书中有多处使用了错误的拉丁语；其次，词语的位置错误；再次，句子结构错误。[③] 不重视词汇的

---

① 吴式颖、任钟印：《外国教育思想通史》第4卷，湖南教育出版社2005年版，第354页。

② Lawrence Stone, *The Family, Sex and Marriage in England 1500 – 1800*, London: Penguin Books, 1990, p. 280.

③ William E. Miller, "Double Translation in English Humanistic Education", *Studies in the Renaissance*, Vol. 10, 1963.

正确选择，忽视句子的正确语序，经常混淆句子结构，使中世纪以来的拉丁语教学很不规范，严重影响了拉丁语教学的质量。虽然拉丁语在国家政治、宗教生活中占有重要地位，掌握拉丁语、获得贵族身份的认可是学生学习的目标之一，但在现实生活中，很多人讲的拉丁语仍错误百出。[①]

针对中世纪以来拉丁语教学中存在的问题，都铎时期的人文主义者对拉丁语教学进行了改革。阿斯堪在实践中将正确、有效地培养学生流畅地读写拉丁语能力的方法归纳为六种：互译法（translatio linguarum）、模仿法（imitation）、意译法（paraphrasis）、直译法（metaphrasis）、概要法（epitome）和朗诵法（declamatio）。[②] 在这六种方法中，互译法最具代表性。互译法指从古典拉丁语著作中选出一些段落译成英语，再将之翻译成拉丁语，并将翻译的拉丁语与原著进行比较，找出存在的问题与错误，以此提高拉丁语教学质量。该法被阿斯堪视为年轻人学习拉丁语最快速、最有效的方法。

具体而言，阿斯堪提倡的互译法教学，首先是让学生愉悦、晓畅地学习西塞罗书信等古典作品；然后，让他们用英语分析书信的内容，便于理解；最后，从语法上完整地分析句子。经过这三个过程的学习以后，让学生快速地再分析一遍课文，以便完全掌握老师的教学内容，并在无人指点的情况下，将所学的内容翻译成英语。然后，交给老师检查，并将拉丁文选段交给老师，休息一个小时以后，学生在没有拉丁语原文参照的情况下，在另外一个本子上将刚翻译的英语再翻译成拉丁语，交给教师。教师将学生翻译的拉丁语与西塞罗的拉丁语原著进行比较。通过比较两者的差异，教师帮助学生分析翻译中出现的问题，并加以改正："西塞罗已经用了这样一个词，不是用你用的这个词；西塞罗已经将单词放在这里，不是那里；已经用这个例子，这个数字，这个人称，这个程度，这个性别；他已经用这种语气，这个时态，这是简单句而不是复杂句，副词在这，不是在那，他以这个动词作为结束句，而不是以那个名词或介词作为结束句，等等。"[③] 通过这种教学方式，学生将在很短的时间内，领略西塞罗选词的精当之处，领略到古典文化的精髓，也可以掌握文法的基本原则；而且

① Lawrence V. Ryan, *The Schoolmaster (1570) by Roger Ascham*, Charlottesville: University Press of Virgina, 1967, p. 14.

② Ibid., p. xxxiii.

③ Ibid., p. 15.

掌握文法规则将使拉丁语的教学有章可循，学生可以据此轻松愉快地学习，教师的教学水平也将在此过程中得到提高。

互译法强调让师生充分理解作品，勤于从语法结构中分析句子，并得出自己的文法规则，用于以后的学习与生活之中。这种教学方法可以让学生更容易、更轻松地掌握文法规则。该方法在当时被视为年轻人学习拉丁语最有效的方法。“如果一个学生聪明、好学、勤奋、坚毅，他用这种方法翻译西塞罗的一本小册子，如《论老年》……我敢说，这个学生比那些在普通学校中将四五年的时间浪费在文法规则上所得到的拉丁文知识更加坚实。”①

人文主义者极力推崇的互译法源于对古罗马教学方法的模仿。西塞罗，这位被文艺复兴时期的人极力推崇的教育家，在《雄辩术》中曾主张阅读希腊语写作的作品，并将之翻译成拉丁语。普林尼也有着与西塞罗相似的学习方法：将希腊语作品翻译成拉丁语或者是将拉丁语作品翻译成希腊语。② 阿斯堪在借鉴、改进西塞罗和普林尼的教学方法的基础上，将学术语言与母语进行互译的两个过程结合起来，将拉丁语翻译成英语，之后再将英语翻译成拉丁语，并将翻译的拉丁语与原著进行对照，找出存在的错误，便于改正，提高学习的效率。在某种程度上说，阿斯堪的教学方法是对古典时代教学方式的模仿，具有文艺复兴时期学术的典型特征。除阿斯堪以外，其他人文主义者，如剑桥大学第一位希腊语皇家教授约翰·奇克也曾借鉴古代教学经验，用互译法的方式教学。③ 1531 年，曾为玛丽·都铎公主授课、旅居英国的西班牙人文主义者维夫斯也在《论知识》中主张在传授文法知识时，将母语（西班牙语）翻译成拉丁语，然后再将拉丁语翻译成母语。相比而言，阿斯堪采用了相反的顺序：将拉丁语翻译成英语（母语），再将英语翻译成拉丁语。两人的学习顺序有别，可能在于维夫斯更强调提高母语水平，而阿斯堪更强调提高拉丁语的水平。

阿斯堪集古典时代和其他人文主义者对教学方法思考之大成，对拉丁

---

① ［美］E. P. 克伯雷：《外国教育史料》，任宝祥、任钟印主译，华中师范大学出版社 1991 年版，第 237—238 页。

② William E. Miller, “Double Translation in English Humanistic Education”, *Studies in the Renaissance*, Vol. 10, 1963.

③ Lawrence V. Ryan, *The Schoolmaster (1570) by Roger Ascham*, Charlottesville: University Press of Virgina, 1967, p. xiv.

语教学进行了系统的论述。如他将“模仿”作为提高拉丁语水平的主要方式加以推荐，“所有的语言，无论是学术语言还是母语，只能通过模仿的方式获得”。[①] 模仿并不是简单地、机械地仿照原著，而是“一种生动、完美地表达你将仿效对象的能力”，是对模仿对象在思想上的一种超越。[②] 从严格意义上说，其思想是自己的，而不是模仿对象的，它是一种不断丰富自己的学问，不断塑造、完善自己风格的学习方式。如西塞罗典丽的拉丁文曾指引了都铎时期拉丁语发展的方向，但其哲学著作却是模仿柏拉图和色诺芬（的作品），有关演说的著作模仿了伊索克拉底和狄摩西尼斯（的作品），修辞学方面的著作模仿了亚里士多德（的作品），最终形成自己独立的风格。[③] 此外，阿斯堪也强调意译法、直译法、概要法和朗诵法在拉丁语学习中的重要性。但在拉丁语学习的各种方法中，最能反映人文主义教育思想中的人道主义精神，对当时教学产生最广泛影响的方法，还是互译法。互译法将一直以来由教师控制文法规则、学生被动学习的过程，变为学生自己寻找文法规则，轻松地学会文法难点，学会语法精要、好的句子结构和合适的文学手法。这在客观上鼓励学生发现自我，鼓励他们成为独立的学习者，让他们更清楚地记住已经学到的词汇，更便捷、自信地学习古典文化。

通过本节的考察，我们可以发现英国都铎时期的人文主义者反对体罚，提倡快乐教学法，并在教学过程中推行“互译法”等新的教学方法。他们倡导的教学方法既尊重学生的人格尊严，也鼓励学生发现自我，体现了文艺复兴时代的精神风貌，同时也在客观上极大地塑造了文艺复兴时期的时代精神。

第四节　人文主义者的教师教育思想

教师教育思想是人文主义者对教师教育活动的理性认识。中世纪以来，人们对教师职业的认识只是初步的、感性的，对教师的任职也多采取能者为师、识字为师、以僧为师的办法。教师岗位因此具有相当大的随意

---

① Lawrence V. Ryan, *The Schoolmaster (1570) by Roger Ascham*, Charlottesville: University Press of Virgina, 1967, p. 26.

② Ibid., p. xxxiii.

③ Ibid., p. 26.

性和流动性，教师职业也被视为一种可替代性的职业。这一时期无论是文法学校的教师还是大学教师都没有实现专业化。人文主义者从教育发展、国家发展的角度出发，构建了新的教师教育思想：提高教师的地位，改变教师任职办法，教师工作应专业化。

近代早期的教师（schoolmaster）一词常用拉丁语描述为 magister scolarum（学校中的兼职教师）。[①] Master 在当时主要指“主人”、行会中的“师傅”。Schoolmaster 是时人对从事教学工作人员的一种尊称。这一称呼在一定程度上反映出人们对教师职业的社会认同感，但近代早期英国教师的境况并不令人满意。

首先，教师多为兼职从事教学工作的人。近代早期英国教师分为三类：职业型教师、临时型教师、教士型教师。其中，职业型教师指“将教学视为终生职业”的人，临时型教师指“在找到其他职业以前从事一段时间的教学工作”的人，而教士型教师是指“既从事教学也从事宗教性工作”的人。[②] 在这三种类型的教师中，职业型教师并非主流，其人数相当有限。直到 16 世纪末 17 世纪初，在伍斯特郡与沃里克郡的教师中，仅 1/5 的人属于职业型教师。[③] 而作为临时型教师、教士型教师的兼职教师则占绝大多数。临时型教师主要包括不享有圣俸却与教会有着一定联系的神职人员，如助理牧师和读经员，或者是等待时机，准备在法律、医学等职业中谋职的世俗人士。临时型教师多将教书作为副业，等待机会进入法律、医学、教会等“令人尊敬的职业”行列。[④] 在获得一份理想职业之前，教书成为这些人积累知识、打发时间、赚取生活费的有效方式。“绝大多数教师不过是将教书作为一种过渡，直到找到一份更好的工作为止”。[⑤] 教书育人实际上已经成为专业人员见习期的一种模式被固定下来。

---

① Nicholas Orme, *Education and Society in Medieval and Renaissance England*, London & Ronceverte: the Hambledon Press, 1989, p. 49.

② Rosemary O'Day, *Education and Society 1500 - 1800: the Social Foundations and Education in Early Modern England*, London: Longman Group Ltd, 1982, p. 168.

③ Ibid.

④ Wilfrid Prest, *The Professions in Early Modern England*, New York: Croom Helm London Sydney, 1987, p. 129.

⑤ Henry Peacham, *The Complete Gentlemans. the Truth of Our Times, and the Art of Living in London*, New York: Cornell University Press, 1962, p. 186.

"如果一个人最终希望进入教会，教书是一个理想的选择。"① 教士型教师多为在教会中拥有教职的神职人员。中世纪以来，学校作为教会的附属机构存在，教会神职人员不仅有责任向年轻人讲经布道，承担起教区教育的职责，也在学校讲授文法知识，承担着学校教育的职责。但这些教师的主要职责不是从事教学工作，而是从事神职工作。

其次，教师职业缺乏吸引力。中世纪以来英国存在着法律、医学、神学三大"需要学问的职业"（the learned professions）。这三大职业从业人员往往拥有丰厚的经济报酬，有的甚至富甲一方，衣食无忧。如英国出庭律师中的佼佼者年收入平均在 1000 英镑，他们位于英国最富有的人之列。② 充裕的经济收入，让他们得以将所从事的工作不仅仅视为一种谋生的方式，更主要的是视为一种上帝安排，需要高高兴兴、勤勤恳恳履行的天职。③ 这三大职业的专业人士更强调的是个人对社会的责任感、使命感，更强调个人对国家、对教会应尽的义务，而不是经济收入的多少。这种职业意识的产生是以丰厚的经济收入为前提的。相比而言，教学虽然也是一门需要智慧、需要学问才能很好地履行的工作，但近代早期从事教学工作的教师却是一个经济收入微薄的社会弱势群体。教师年收入一般只有 10 英镑左右，仅够维持基本的生活需求。理查德·马尔卡斯特（Richard Mulcaster，1530—1611 年）是近代早期英国历史上为数不多的职业型教师之一，他从教近半个世纪。1561—1586 年任商人泰勒学校的高级教师，1596—1608 年任圣·保罗学校的高级教师，极大地促进了英国教学专业化的进程。但在商人泰勒学校任职期间，马尔卡斯特的年薪却不足 10 英镑。④ 在圣·保罗学校任教期间的待遇也与此相似，以致马尔卡斯特不得不在业余时间担任富家子弟的家庭教师，以增加收入，补贴家用。作为一位在当时有影响力的教师，马尔卡斯特最终仍然摆脱不了在贫困与疾病中去世的命运。虽然不同学校，教师的收入会有一定的差异，但总体而言，

---

① Rosemary O'Day, *Education and Society 1500 – 1800: the Social Foundations and Education in Early Modern England*, London: Longman Group Ltd, 1982, p. 169.

② Wilfrid R. Prest, *The Rise of the Barristers: A Social History of the English Bar 1590 – 1640*, Oxford: Clarendon Press, 2001, p. 151.

③ Rosemary O'Day, *The Professions in Early Modern England, 1450 – 1800: Servants of the Commonweal*, London & New York: Longman, 2000, p. 11.

④ Rosemary O'Day, *Education and Society 1500 – 1800: the Social Foundations and Education in Early Modern England*, London: Longman Group Ltd, 1982, p. 171.

教师待遇仍然很低。教学无论是对职业型教师来说，还是对临时型教师来说，都还只是一种谋生的方式。教师与专业人员之间经济收入的差距仍然很大。到 17 世纪，教师待遇有所提高，但教师的平均收入仍然远远低于其他职业的收入。教师年收入为 17 镑 2 先令，而教区副牧师的年收入为 42 镑 2 先令 8 便士，教区代理牧师的年收入为 78 镑。[①] 相比三大需要学问的职业而言，低收入使教师职业很难吸引到优秀人才。只要教师的待遇没有得到改善，学校就“很难吸引大学毕业生长期专职地致力于教学”。[②] 在这样的背景下，人文主义者提出了教师教育思想。

一　提高教师地位

近代早期英国教师无论是社会地位还是在教学中的地位都不高。而律师、医生、牧师等专业人员则享有较高的社会地位。近代早期的学者，如威廉·哈里逊、托马斯·史密斯等都将专业人员划归到社会上层之列。研究近代早期英国社会的社会史家们也以出身、财富、权力为标准，将成功的专业人士划归到绅士阶层之列。而教师不能像律师、医生、牧师那样直接参与国家经济、政治、社会生活，他们对国家政治、经济、社会生活的直接影响都是有限的。从政治权力、经济收入的角度而言，教师是被边缘化了的知识群体。教师往往会被划归到市民等级之列。中世纪以来，教师“要么被作为市民看待，要么被作为神职人员看待”。[③] 不仅如此，时人并没有将教师视为一个专业群体加以看待。教师在教学中的地位也没有得到充分认同。阿斯堪的名著《教师手册》提出了“一个教孩子们理解、写作、讲拉丁语的简便易行的完美方式”，但阿斯堪在书中更关注的是授课的内容、方法，而不是如何培养一名优秀的教师。《教师手册》与其说是一本关于教师的手册，不如说是一本自学手册。正如阿斯堪所言，该书是为了“在绅士和贵族家庭中年轻人的家庭教育，而且也为那些已经忘记了拉丁语的人，通过自学而不是教师，在很短的时间内，无需付出很大的

---

① Rosemary O'Day, *Education and Society 1500 - 1800: the Social Foundations and Education in Early Modern England*, London: Longman Group Ltd, 1982, p. 171.

② Ibid., p. 166.

③ Nicholas Orme, *Education and Society in Medieval and Renaissance England*, London & Ronceverte: The Hambledon Press, 1989, p. 62.

努力，便能充分恢复理解、写作、讲拉丁语的能力”。[1] 在阿斯堪看来，学生更需要的是书本，是恰当的学习方法，而不是教师。

尽管如此，教师对社会、对教育发展的贡献是有目共睹的。教师为教会培养了神职人员，为王室、宫廷培养了官员、律师、医生；教师也促进了学术的发展，对英语语言的形成产生了无形的影响。“无须讳言，正是这些教师教导出了中世纪以来的学者与诗人、教区和修会中的神职人员、许多贵族、衡平法律师、一些商人精英、一些约曼农，甚至有些来自社会下层的人。”[2] 虽然教师不会像专业人员那样对国家政治、经济、社会发展产生直接的影响，但教师培养了国家政治、经济、社会发展所需要的人才，仍然是国家政治、经济、社会发展不可或缺的部分。从这个意义上说，人文主义者也强调教师职业的重要性，要求提高教师的地位。

人文主义者认为教师在国家、教会的发展中有着非常重要的地位，但教师却没有受到应有的尊敬。马尔卡斯特（Richard Mulcaster）直接将教师与国家的发展相联系，强调教师的重要性。他指出：如果没有相当多受过良好教育的领导者，一个国家将无法存在下来；同样，如果没有受过专业训练的教师为他们提供教育，这些领导者也不会产生。[3] 伊拉斯谟（Erasmus）强调为学生“提供足够数量、能够胜任教育本国年轻人的教师……其重要性不亚于整顿一支军队”。[4] 1660 年查尔斯·霍利（Charles Hoole）也充分肯定了教师职业的重要性，“没有任何一种职业比教师的职业更能服务于教会和王国，也没有任何一种职业比教师职业更需竭精殚智”。[5] 但时人对教师却缺乏应有的尊敬。埃利奥特（Thomas Elyot）将贵族子弟文化知识贫乏的原因归结为目光短浅的父母更愿意为他们的孩子“仔细地挑选驯马员而不是为他们的孩子选择教师”[6]；阿斯堪（Roger As-

---

① Lawrence V. Ryan, *The Schoolmaster (1570) by Roger Ascham*, Charlottesville: University Press of Virgina, 1967, p. 1.

② Nicholas Orme, *Education and Society in Medieval and Renaissance England*, London & Ronceverte: the Hambledon Press, 1989, p. 63.

③ Richard L. DeMolen, "Richard Mulcaster and the Profession of Teaching in Sixteenth-Century England", *Journal of the History of Ideas*, Vol. 35, No. 1, Jan. – Mar. 1974.

④ Joan Simon, *Education and Society in Tudor England*, Cambridge & New York: Cambridge University Press, 1966, p. 104.

⑤ David Cressy, *Education in Tudor and Stuart England*, London: Edward Arnold, 1975, p. 63.

⑥ Richard L. DeMolen, "Richard Mulcaster and the Profession of Teaching in Sixteenth-Century England", *Journal of the History of Ideas*, Vol. 35, No. 1, Jan. – Mar. 1974.

cham）认为父母总是精心挑选那些非常聪明的人为孩子驯马而不是教孩子以知识。虽然他们没有用语言表达这一观点，但他们的行动证实了这一观点。因为他们很高兴每年支付给驯马者 1000 先令的薪水，但不愿给教师提供 200 先令的薪水。[①] 以家庭教师为职的亨利·皮查姆（Henry Peacham）致力于绅士的教育，1638 年他在《我们时代的真相》中抱怨说，对一个国家的发展而言，"没有任何一种职业比教师职业显得更为必需"，但主要因为许多人的愚昧无知，王国内也"没有任何一种职业比教师职业更受歧视"。[②] 10 年之后，托马斯·富勒（Thomas Fuller）在《神圣国家》中，讨论教师地位问题时断言，"王国内，最需要的是教师职业"，但由于受到轻蔑与忽视，这一职业"实行得如此收效甚微"。[③] 马钱芒特·尼达姆（Marchamount Nedham）认为，如果忽视教育，整个王国将会遭难。如果教师不受尊重待遇又低的话，学校是没法繁荣起来的。他在《关于学校和教师的讲述》中控诉，除了教师，"没有一种职业对公众更有用，没有任何一种职业更辛苦、痛苦；也没有任何一个职业受到更多的责难，也没有任何职业得到更少的报酬、受到更少的尊敬"。[④] 在人文主义者看来，教师不仅向未来的统治者传授知识，也塑造着未来统治者的性格。因此，无论是从国家发展，还是从教会发展的角度来说，都应该提高教师的地位。

人文主义者极力主张提高教师的地位，将教师与一家之主——父亲进行类比，将教师比作学生精神上的"父亲"。埃利奥特（Thomas Elyot）借用亚历山大大帝之言表达了这种思想。埃利奥特指出，亚历山大多次说他受恩于父亲菲力浦国王，同样也受恩于老师亚里士多德，因为父亲给了他生命，而亚里士多德则教给了他高贵的生活的方法。[⑤] 旅居英国的西班牙籍人文主义者维夫斯（Vives）也做过相似的类比。"相比赐予我们以身

---

① Lawrence V. Ryan, *The Schoolmaster* (1570) *by Roger Ascham*, Charlottesville: University Press of Virgina, 1967, pp. 26 – 27.

② Henry Peacham, *The Complete Gentlemans: the Truth of Our Times, and the Art of Living in London*, New York: Cornell University Press, 1962, p. 185.

③ David Cressy, *Education in Tudor and Stuart England*, London: Edward Arnold, 1975, p. 64.

④ Ibid., p. 65.

⑤ Thomas Elyot, *The Boke Named the Governour*, London: J. M. Dent Co, 1907, p. 51.

体而言，授以我们理性是更重要的，教师是真正意义上的父亲。”① 人文主义者通过将教师与父亲进行类比，强调教师的权威，要求提高教师的地位。“依据国家法律规定，臣民必须忠诚于君主和统治者。那么，在学校，教师就是学生的‘君主’，学生应该服从教师。”② 阿斯堪（Roger Ascham）认为从古典作家的作品中可以看出，教师、统治者、父亲都会直接影响孩子的成长，其中，教师教孩子以学问，统治者教孩子学会举止礼仪，父亲教会孩子顺从。但作者主张“不应该混淆教师的职责与统治者的职责”，而是让教师“谨慎地使用这两项职责”。③

不仅如此，人文主义者也提出了改善教师地位的方法。人文主义者认为，要改善教师的地位，首先必须改善教师的待遇，为教师提供稳定的经济收入。埃利奥特（Thomas Elyot）指出，如果教师的劳动有着丰厚的经济回报，他们将不会被如此歧视。④ 马尔卡斯特（Richard Mulcaster）认为，“因为教师正在为国家、社区、家长提供重要的服务，应该支付给教师足以维持生活之需的薪水”，才能让他们“尽职尽责地从事教学”。如果教师还要为生计发愁，这将极大地阻碍着“一个有能力的人辛勤地工作”，因为“他们必须分散精力从事其他的活动”，补贴家用。⑤维夫斯（Vives）提出了非常有前瞻性的建议，设立由国家给教师提供薪水的制度：“在每一个城镇建立学校”，聘请有学问、正直的人担任教师，他们的薪水“由政府财政支付”。⑥ 虽然这一建议在当时没有被采纳，但它建议教师的薪水不是来自学生家长，而是来自地方或国家财政下拨经费，“这样避免他们为了赚钱（而教书），或避免他们为了获得（钱）而对学生太仁慈、太放任”⑦。“由政府财政支付”教师薪水将有助于解除教师对

① Rebecca W. Bushnell, *A Culture of Teaching: Early Modern Humanism in Theory and Practice*, London: Cornell University Press, 1996, p. 41.

② Ibid., p. 34.

③ Lawrence V. Ryan, *The Schoolmaster (1570) by Roger Ascham*, Charlottesville: University Press of Virgina, 1967, p. 36.

④ Thomas Elyot, *The Boke Named the Governour*, London: J. M. Dent Co, 1907, p. 70.

⑤ Richard Mulcaster, James Oliphant, *The Educational Writings of Richard Mulcaster (1532—1611)*, Glasgow: James Maclehose, 2008, p. 88.

⑥ Joan Simon, *Education and Society in Tudor England*, Cambridge & New York: Cambridge University Press, 1966, p. 104.

⑦ Richard L. DeMolen, "Richard Mulcaster and the Profession of Teaching in Sixteenth-Century England", *Journal of the History of Ideas*, Vol. 35, No. 1, Jan. - Mar. 1974.

学生家长的经济依赖，保障教师的经济收入，提高教师的地位。

二 提高教师素质

人文主义者认为近代早期英国教师素质不高。从事教师职业几乎没有明确的资格限制：只要能符合教会和庇护人以及委托人的要求，任何人都能成为一名教师。[1] 从事教学工作的门槛低，加之教师工资低、生活贫困，又缺乏社会尊敬，工作辛苦。因此，有学问的人不愿意教书，留下来教书的人往往水平有限。托马斯·埃利奥特（Thomas Elyot）认为英国几乎没有一位完全称职的教师。他抱怨：上帝啊，现在，愚昧的教师已经泯灭了多少孩子的才智。缺乏优秀的文法学家怎么能理解大量的文献?[2] 埃利奥特认为教师素质不高，缺少优秀的文法学家不仅是理解文献的巨大障碍，也会妨碍孩子的健康成长。这些教师“仅仅教（语法）规则或制定（语法）规则”，以致学生“仅仅能学着说适当的拉丁语”，或者是作经院式注释。[3] 而好的文法教师或文法学家应该“讲典雅的拉丁语，能详细地说明古典作家，能表达事物的独特之处与性情，阐释作者演说的风格和形式，详细解释句子和词汇中使用的修辞格”。[4] 因此，教师素质不高，以及缺乏足够的教师已经是“当时贵族文化水平远远低于古代贵族文化水平的主要原因之一”。[5]

人文主义者普遍希望提高教师的素质，改变教师的任职办法，提倡选拔有德有才之人为师。埃利奥特认为教师不仅应该具备高尚的品德还必须具有广博的知识。埃利奥特认为一旦不健康的思想毒害了孩子幼小的心灵，随着年龄的增长，这种不健康的思想将疯狂蔓延，到一定的时候甚至会道德败坏。一旦不良行为“影响孩子稚嫩的思想，之后将很难弥补”。[6] 因此，他强调选择德行高尚的教师，“以优雅的行为方式和高尚的道德习惯向孩子们灌输健康的思想”，敦促他们牢记“自己的高贵性和其他值得

---

① Wilfrid Prest, *The Professions in Early Modern England*, New York: Croom Helm London Sydney, 1987, p. 133.

② Thomas Elyot, *The Boke Named the Governour*, London: J. M. Dent Co, 1907, p. 69.

③ Ibid., pp. 69 – 70.

④ Ibid., p. 70.

⑤ Ibid., p. 49.

⑥ Ibid., p. 32.

荣耀的事情”。[①]基于此，埃利奥特在《统治者必读》中多次强调教师必须具备高尚的品德。教师应该是“有古典文化修为、受人尊敬的人”。[②]埃利奥特认为，教师不仅“在希腊语和拉丁语方面是非常博学的”，同样也应该是有“稳重、善良、非常和蔼、有耐心”等品性之人。教文法的教师仅仅“阅读诗歌是不够的”，还要阅读“各类著作”；不仅要读“历史书”，而且要读“各类词汇”书籍，了解每一词汇的性能；而且还要懂音乐，因为音乐可以培养人的节奏感。不懂音乐“对文法（的理解）将是不完美的”，也不会理解文法作家在作品中描绘的“行星的运行”；教文法的教师也不能“对哲学一无所知”，因为文法作家的作品中会引用一些哲学问题。[③] 教师应该拥有高尚的道德与渊博的知识是人文主义者对教师的共同要求。伊拉斯谟也强调了教师在学问方面应该具备的素质，他认为教师应该熟悉每种类型的作品，熟悉作品的内容而不仅是作品的风格。[④]约翰·科利特（John Colet）也对教师提出了相当高的要求。他要求教师通晓各科知识：在哲学方面，不仅应该学习了柏拉图和亚里士多德的作品，也应该学习了西俄夫拉斯塔斯和普罗提诺的作品；在神学方面，不仅学习过《圣经》，也要学习过奥力振、克里索斯托、圣·巴日尔等希腊语教父的作品，以及安布罗斯、哲罗姆等拉丁教父的作品；在诗歌方面，学习过荷马和奥维德等人的作品；在地理学方面，不仅要学过彭波尼·美拉、托勒密、普林尼、斯特雷波等地理学家的著作，他还应该知道古代河流、山川、国家、城市等的名称，并能用现代语言进行描述；同样也应该知道古代的树木、动物、工具、服装、珠宝的名称；他应该注意不同作者提及的一些关于农业、建筑、军事、烹调等方面的技艺。他应该能追溯一些词汇的起源，以及这些词汇在拜占廷、意大利、西班牙、法国等不同国家的演变情况。[⑤]

马尔卡斯特（Richard Mulcaster）认为，为了保证所授课程的正确无误，学校必须聘请有学问的人担任文法学校的教师。文法学校教师候选人

---

① Thomas Elyot, *The Boke Named the Governour*, London: J. M. Dent Co, 1907, p. 20.

② Ibid., p. 23.

③ Ibid., p. 70.

④ Joan Simon, *Education and Society in Tudor England*, Cambridge & New York: Cambridge University Press, 1966, p. 76.

⑤ Frederic Seebohm, *The Oxford Reformers: Cloet, Erasmus and More*, London: J. M. Dent & Sons, Ltd, 1914, pp. 133–134.

应该有证明自己品性良好、熟练掌握了三种学术语言、擅长体育锻炼、熟悉拟授科目知识等的介绍信。具体而言，在马尔卡斯特看来，教师具备耐心、恒心、效率、慎重、礼貌等品质。在教师地位低、薪水低的情况下，教师需要有一颗甘于奉献的心态，他必须“呕心沥血、一如既往、毫不畏缩地坚持自己的工作”；教师应该做到：因工作成功而高兴，因鼓励了有希望的年轻人而感动，希望每一个孩子都是有礼貌的。[①] 在知识储备方面，教师要足以胜任教书工作，只知道一些常识是远远不够的，还必须具备以下素质：要有无可挑剔的行为举止，要掌握体育锻炼的技巧，有时还需要能教三种学术语言，即拉丁语、希腊语和希伯来语；教师必须能够理解他所授课程中作者的意图，有能力纠正印刷错误和拙劣的词典中存在的错误，有能力纠正一些水平不高的作者对作品所作的错误评论；教师必须能挑选出最好的字典供学生在课堂上使用，以便他们可以学到正确的定义。他也必须在授课之前已经具备充分的知识，以便能明确表达自己的观点，因为只有知识渊博的人才能轻松自如地履行教学任务；虽然时间和经验可以让一个人的教学方式日趋成熟，但他也必须已经掌握了相当丰富的基础知识。他必须熟悉最高深的文法，以便授课时总能对课程作出适当的评论，并无须增加学生的负担。[②] 如果具备有这些品质以及有着坚实的知识背景，教师将喜欢上教书工作，可以恰到好处地鼓励每一个学生，他将不会觉得工作无趣或没有前途。[③]

什么样的人才能称得上是名副其实的教师？在人文主义者看来，理想的教师必须具备两个基本条件：一是具备有教年轻人文法知识的能力；二是具备出任教师工作需具备的美德，如诚实的道德和令人满意的生活方式。[④] 一名合格的教师应该具有高尚的品德，要审慎正直、勤勤恳恳、热爱学生，也应该具备广博的知识。

人文主义者对教师的素质要求在教育方面的影响是显而易见的。人文主义思想成为主流思想的文法学校，通常要求教师是大学毕业生或接受过

---

① Richard Mulcaster, James Oliphant, *The Educational Writings of Richard Mulcaster (1532 - 1611)*, Glasgow: James Maclehose, 2008, p. 90.

② Ibid., p. 89.

③ Richard L. DeMolen, "Richard Mulcaster and the Profession of Teaching in Sixteenth-Century England", *Journal of the History of Ideas*, Vol. 35, No. 1, Jan. - Mar. 1974.

④ Nicholas Orme, *Education and Society in Medieval and Renaissance England*, London & Ronceverte: The Hambledon Press, 1989, p. 52.

大学教育而没有毕业证的人。在伦敦主教区，16 世纪 80 年代，27% 的教师是大学毕业生；在 90 年代，大学毕业生所占比例已经上升到 35%，另外 31% 的人也是受过大学教育的人。大学毕业生和接受过大学教育的人在教师中所占比例逐年上升，到 17 世纪 30 年代，达到 89%。[①]

三 教师职业应该专业化

我们现在所说的专业（the profession）通常是指某一特殊类型的职业。[②] 但"专业"一词最初指"公开的声明或宣誓"，是指加入某修会或宗教组织时的宣誓。[③] 从这个意义来说，该词经常与信仰（faith）交替使用。例如 1600 年，约翰·波里（John Pory）翻译里奥（Leo）的《非洲》时，说"他们根本不信仰任何宗教，既没有基督教的、伊斯兰教的，也没有犹太教的，或任何其他的信仰（profession）"。[④] 与此同时，自中世纪以来，profession 逐渐有了世俗化的含义，指某一特殊的职业（occupation/vocation），如法律、教会、医学等，专业与职业时常交替使用。但从严格意义上说，专业与职业还是有着明显的区别的。

用现代人的眼光看来，教师专业化包括四个层面的基本含义："第一，教师专业既包括学科专业性，也包括教育专业性，国家对教师任职既有规定的学历标准，也有必要的教育知识、教育能力和职业道德的要求；第二，国家有教师教育的专门机构、专门教育内容和措施；第三，国家有对教师资格和教师教育机构的认定制度和管理制度；第四，教师专业发展是一个持续不断的过程，教师专业化也是一个发展的概念，既是一种状态，又是一个不断深化的过程。"[⑤] 近代早期英国人文主义者的教师专业化的观念没有如此成熟，但也强调教师应该终生教书、涉及教师任职的教育知识、教育能力，建议建立教师教育的专门机构、专门教育内容，提出了教师教书资格，等等。马尔卡斯特曾质问："为什么不提供给教师以更高的薪酬，以便他们能在学校终生教书呢，正如在神学、法律、医学等专

---

① John Morgan, *Godly Learning: Puritan Attitude towards Reason, Learning and Education1560 - 1640*, Cambridge: Cambridge University Press, 1986, p. 202.

② Rosemary O'Day, *The Professions in Early Modern England, 1450 - 1800: Servants of the Commonweal*, London & New York: Longman, 2000, p. 13.

③ Ibid.

④ Ibid., p. 13.

⑤ 洪柳：《论教师专业化发展》，《教书育人》2005 年第 2 期。

业中神职人员、律师、医生所从事（终生职业）那样?"[①] 如果让教师工作专业化，教师长期从事教学，他们将随着教龄的增加，逐渐提高判断力、知识、辨别力，提高教学水平。然而，现在的状况是，在学校中，教师的职业往往是临时的，他们将教学视为转行到其他专业的一个跳板，导致教师队伍中严重缺乏有才能的人。因此马尔卡斯特建议，要提高教学质量，需要在大学中设立一所专门的学院，培养专业教师。马尔卡斯特提出了大学教育的四点改革计划：依据学生未来准备从事的专业，设立不同的专业性学院；学习相同的专业、年龄相仿的学生应该安排在一起学习；减少学院人数，提高学生生活水平；为每一所学院配备成年的、住校的讲师指导学生的学习。[②] 与这一计划相关联，马尔卡斯特提出，在大学依据专业发展的需要，设立 7 所学院：语言学、数学、哲学、教育学、医学、法学、神学。[③] 其中，语言学、数学、哲学是基础，是每一个专业的人都必修的课程，而教育学、医学、法学、神学属于专业课程，是从事相关专业的人必修的课程。从事医学工作的人应该在医学院接受专业教育，从事法律工作的人应该在法律学院接受专业教育，从事神学工作的人应该在神学院接受专业教育。同样的道理，从事教学工作的人必须在教育学院接受教育。"教学是一门科学，它不是很轻易就可以被取得的"，"并不是所有的大学毕业生都具备教师的素质"。[④] 因此，一个人拥有文化知识，并不一定适合教学工作。希望从事教学工作的人，"不仅应该在大学接受古典文化的教育，也应该在大学教育学院接受一些教学方法和技巧的教育"，学习传授知识的方法和技巧。[⑤]

马尔卡斯是一位具有前瞻性的教学工作者，他希望教师的职业能成为一种专职工作，希望设立专门的教育学院，提高教师的教学质量。以上两点是教师工作专业化必须具备的前提。马尔卡斯特提出了教学专业化的问题在英国教育思想史上占有重要地位。在马尔卡斯特的大学教育改革中，教育学首次被提升到与医学、法学、神学同等重要的地位。但在当时的历

---

① Richard Mulcaster, James Oliphant, *The Educational Writings of Richard Mulcaster (1532 - 1611)*, Glasgow: James Maclehose, 2008, p. 98.

② Ibid., p. 91.

③ Ibid., p. 98.

④ Richard L. DeMolen, "Richard Mulcaster and the Profession of Teaching in Sixteenth-Century England", *Journal of the History of Ideas*, Vol. 35, No. 1, Jan. - Mar. 1974.

⑤ Ibid.

史背景下，与医学、法学、神学等传统专业相比而言，英国还没有形成专门从事专业教学工作的教师队伍，也就是还没有出现大批专业教师。只要教学从属于教会神职人员从事的副业，被视为一些人跻身其他专业的跳板，教学领域就不可能出现大批专业教师，教师工作的专业化就会受到限制。此外，与其他专业相比，教师职业中，无论是教师聘用、教学管理，还是专业意识方面都很不充分。马尔卡斯特极力鼓吹的教育理论在当时也并没有付诸实施，其教学改革的计划也没有受到重视。可以说，英国教师工作专业化还只是刚刚萌芽，要实现教师工作专业化还需要走很长的一段路程。但马尔卡斯特建立教育学院的思想，对培养大量高素质的教师、增强教师的职业意识、增加教师工作的吸引力和提高教学质量都是有积极作用的。马尔卡斯特能提出教师工作专业化的观点，这本身就意味着英国教育思想的巨大进步。

首先，近代早期英国只有律师、医生与教士三项传统职业实现了专业化，教师，即便是大学教师也还没有专业化。如这一时期在大学任教没有严格的资格限定：只要有大贵族的推荐、懂拉丁语或希腊语就有可能在大学任教。[①] 其次，大学教师的收入少而且也不稳定。当时英国还没有建立起由国家给教师支付薪水的制度，大学教师的收入主要来自学生支付的费用。当时大学教师普遍比较贫穷，他们总是希望尽可能多地招收学生以增加收入。[②] 最后，大学教师的任职也不稳定。近代早期英国大学教师大部分是临时性教师，如依据牛津、剑桥大学的传统，学生在攻读硕士学位期间，往往会作为临时教师教书两年。[③] 他们是大学教师中的重要组成部分。神职人员出任大学教师之职的现象也比较普遍。因此，人文主义者虽然针对一般教师而言提出了教师教育的思想，但他们对教师地位与现状的分析也适合于大学教师，他们要求提高教师待遇与素质等观点也有助于提高大学教师的待遇与素质。教师职业是不是一个可以与神职人员、医生、律师从事的职业相提并论的专门职业？教师的专业化程度究竟如何？这是

---

① Helen M. Jewell, *Education in Early Modern England*, New York: St. Martin's Press, Inc., 1998, p. 110.

② Lawrence Stone, *Oxford and Cambridge from the14 th to the Early19 th Century*, London: Oxford University Press, 1975, p. 8.

③ Helen M. Jewell, *Education in Early Modern England*, New York: St. Martin's Press, Inc., 1998, p. 110.

人文主义者较为关注的问题，也是研究近代早期英国社会的史学家非常关注的问题。从专业职业的特征来看，近代早期英国教师职业离成熟专业的标准还有很大的一段距离，教师职业是一个正在形成中的专业。人文主义者从教育发展、国家发展的角度出发，要求改善教师的待遇，提高教师的地位，改变教师任职办法，规范教师队伍，甚至提出了教师专业化的建议。人文主义者的教师教育思想会推动教师专业化的形成，对提高教学质量、推动教育的发展无疑是有积极作用的。

本章主要考察了都铎时期人文主义者对教育的思考。系统的人文主义教育思想是在 19 世纪由约翰·亨利·纽曼（John Herry Newman，1801—1890 年）提出的。虽然都铎时期的人文主义者没有像纽曼那样，提出系统、严密的教育理念，但这一时期不同的人文主义者从不同的侧面对教育进行了考察。他们对教育在现实生活中的价值功用进行了探讨，并以此为基础，提出了相应的教育计划与内容、教学方法。为了保障教学质量，人文主义者也对教师的素质与专业化趋势提出了具有前瞻性的建议。近代早期英国教育史上刮起的这股清风，激起了年轻人的教育热情，改变了时人对教育的态度，直接推动着大学教育的变革，推动着英国大学教育从传统向现代的转型。

第四章　人文主义与近代早期英国大学变革

近代早期英国大学主要指牛津、剑桥两所传统大学。相比中世纪而言，这一时期英国大学教育发生了革命性的变化。作为整个社会中的一个子系统，大学教育革命是社会变迁的产物，受当时英国经济、政治、文化等因素变迁的影响。如经济变迁为英国大学教育的发展提供了物质基础；“政府革命”刺激了国家对人才的需求，也推动大学教育内容的世俗化进程。而宗教改革不仅推动英国人以国教取代天主教，宗教信仰英国化，也直接推动英国大学由教会的机构演变为英国社会机构的一部分，推动了大学教育的英国化进程。因篇幅与论文主旨所限，下文将主要探讨人文主义者及人文主义教育思想从不同层面对近代早期英国大学教育变革产生的影响。

第一节　人文主义与大学社会构成主体的变化

一　从教士到世俗子弟——大学社会构成主体的变化

中世纪大学生主要是教区教士和想进入教会的穷家子弟或部分乡绅幼子，大学构成的宗教色彩浓厚。在十三四世纪教会史档案中广泛存在的例证是，为了提高布道的水平，受俸教士在主教的推荐下，在大学学习几年的拉丁文、逻辑学、布道等知识，他们可能没有获得学位就回到先前所任职的教区。①

但近代早期英国大学的社会构成发生了非常明显的变化。以入学登记

① J. I. Catto, Ralph Evans, *Late Medieval Oxford*, Oxford: Clarendon Press, 1992, p. 498.

册保存最完整的剑桥大学冈维尔·盖厄思学院为例，在 1560 年以后，该学院入学登记册中前 100 名学生中，12 人是准骑士之子，17 人是绅士之子，8 人是伦敦的商人或市民之子，4 人是贵族、骑士、医学博士或神学博士之子，59 人是中等财富所有者。其中，中等财富所有者成分较为复杂，既包括乡绅，也包括其他等级的人。该学院 1584—1604 年的登记册显示有 26 名准骑士、23 名绅士、41 名中等财富所有者、12 名约曼农、9 名教士、6 名伦敦市民、1 名行政长官、1 名法律博士和 1 名小财富所有者。① 可见，与中世纪大学社会构成相比，近代早期剑桥大学生来自非常广泛的社会群体。牛津学生的社会背景也与此相似。1580—1612 年，牛津大学绅士及绅士以上阶层的人占 37%—54%，平民阶层的人占 40%—59%，教士比例在 2%—11%，身份不详的人主要是在入学登记时没有注明社会出身的人，这部分人所占比例很小，不超过 2%。具体见下表。劳伦斯·斯通（Lawrence Stone）教授对 1575—1639 年牛津大学入学新生的社会出身进行了详细考察，得出相似的结论：贵族出身学生占 50%，平民出身学生占 41%，教士出身学生占 9%。② 教士在大学中仍然存在，但不再是大学社会构成主体。相反，贵族、平民家庭出生的世俗学生日益成为大学社会构成主体。大学社会构成主体由中世纪教士转变为近代早期的世俗人士。下文将从贵族、平民、教士三个群体的入学状况对当时英国大学社会构成状况进行分析。

牛津大学的社会构成③

时期	绅士（%）	绅士以上（%）	绅士及以上（%）	平民（%）	教士（%）	身份不详（%）
1580—1582	23	13	37	59	3	1
1589—1592	30	16	46	51	2	1

① Kenneth Charlton, *Education in Renaissance England*, London: Routledge & Kegan Paul, 1965, p. 136.

② Lawrence Stone, "The Educational Revolution in England, 1560—1640", *Past and Present*, No. 28, Jul. 1964.

③ Lawrence Stone, *Oxford and Cambridge from the14 th to the Early19 th Century*, London: Oxford University Press, 1975, p. 172.

续表

时期	绅士（%）	绅士以上（%）	绅士及以上（%）	平民（%）	教士（%）	身份不详（%）
1600—1602	31	22	54	42	4	0
1610—1612	24	22	46	40	11	2

贵族子弟入学是近代早期英国大学教育中出现的新现象。中世纪贵族子弟通常是到比自家地位更高的贵族家庭，以仆从身份接受骑士教育，而很少上大学。据统计，1307—1485 年的 178 年内，大学招收 30000—45000 名学生，仅有 88 人是贵族出身，其中 51 人在 14 世纪入学，37 人在 15 世纪入学。① 即便是上大学的贵族子弟也通常是那些失去继承权，希望能跻身教士阶层的人。依据长子继承制原则，只有长子才能继承父亲的财产和爵位，次子、幼子成年后必须自谋生路。少数贵族子弟将接受大学教育视为在教会中任职的重要途径。如亨利・博福德（Henry Beaufort）是凯瑟琳・斯温福德（Catherine Swynford）的第二个儿子，在牛津大学接受教育，出任君主的祷告牧师。亨利五世的朋友理查德・科特尼（Richard Courtenay）在牛津大学接受教育后，成为一名民法博士兼教会法博士，曾两次任大学校长。② 中世纪大学校长是一种宗教职务，往往由主教兼任。因此，科特尼的主要职务依然是教会中的高级神职人员，他去世前的身份是诺里奇主教。中世纪末期，索尔兹伯里第一代伯爵理查德的儿子乔治・内维尔（George Neville）在牛津大学接受教育，并于 1452 年获得文科硕士学位。此后，他先后任埃克塞特主教、坎特伯雷大主教，甚至涉足世俗事务，出任英国的大法官兼任上议院议长等职务。③ 尽管大学教育可以为贵族子弟提供在教会中任职的机会，但总体而言，这一时期上大学的贵族子弟依然只是个例，而不是普遍现象。从亨利八世统治初期开始，这种延续几百年的传统发生了改变。“1550 年以后乡绅之子进入大学日益

① Joel T. Rosenthal, "The Universities and the Medieval English Nobility", *History of Education Quarterly*, Vol. 9, No. 4, Winter, 1969.

② Mark H. Curtis, *Oxford and Cambridge in Ttransition, 1558 – 1642: An Essay on Changing Relations between the English Universities and English Society*, London: Oxford University Press, 1959, p. 56.

③ Ibid., pp. 56 – 57.

成为一件时尚之事，甚至一些大贵族之子也流向大学”。[①] 贵族子弟接受大学教育日益成为一种普遍现象，越来越多的贵族将孩子送进大学。

平民出身学生人数增加是近代早期英国大学教育发展的另一个重要特征。这一时期以平民身份登记的人主要包括成功的商人、医生、律师、约曼中上层等有较高收入人士之子，也包括普通的织布工、裁缝、铁匠、屠夫、铁匠等中等收入和小收入者之子。中世纪平民阶层各群体往往以学徒制方式接受专业技能的培训，很少上大学。但近代早期英国平民对大学教育投入了极大的热情，纷纷将孩子送入大学。詹姆斯·豪厄斯（James Howell）对此进行了阐述，“最近一个世纪以来，学问从来没有像现在这样有意、无意地被不同阶层、不同年龄段的人过分地吹捧和垂涎。每一个人尽其所能地送孩子接受学校教育；补鞋匠补鞋到深夜，搬运工扛着重物直到腰酸背驼，农夫节衣缩食地攒钱供儿子上学；我发现送孩子上学这种野心在岛上无处不在。”[②] 虽然詹姆斯·豪厄斯在此运用了文学修辞手法，有点儿夸大其词，但仍反映出时人对大学教育的热情。事实上，这一时期平民学生上大学是一件非常普遍的事情。如在商业领域，一些成功的商人通常会送子孙上大学，以便获得更高社会地位的认可。约翰·艾莎姆（John Isham）是伦敦一名商人，先后送次子进入剑桥大学基督学院、法律协会学习。约翰的长子托马斯后来也送自己的儿子进入剑桥大学女王学院学习。1564 年威廉·菲茨威廉（William FitzWilliam）曾上过国王学院，当他做父亲以后，也送儿子威廉（William）和沃尔特（Walter）去伊曼纽尔学院。[③] 据统计，16 世纪末 17 世纪初，牛津大学有一半以上的学生来自平民家庭。[④] 尤其是 1564 年以后大学中平民出身学生人数增加，1577—1579 年，平民出身学生的比例为 55%，16 世纪末人数急剧增加，

---

① Lawrence Stone, *The Crisis of the Aristocracy 1558 - 1641*, London: Oxford University Press, 1980, p. 310.

② Lawrence Stone, *Oxford and Cambridge from the14 th to the Early19 th Century*, London: Oxford University Press, 1975, p. 20.

③ Hugh Kearney, *Scholars and Gentlemen: Universities and Society in Pre-Industrial Britain 1500—1700*, London: Faber & Co. Ltd, 1970, pp. 27 - 28.

④ J. A. Sharpe, *Early Modern England: A Social History 1550 - 1760*, London: Edward Arnold, 1987, pp. 257 - 258.

他们在大学中所占的比例总是相当大。[①] 可以说，平民子弟已经构成大学最主要的一个群体。

相对于贵族和平民，近代早期英国教士在大学生中所占比例下降，但并没有完全消失。教士在大学社会构成中的变化与宗教改革有着密切的关系。一方面，亨利八世宗教改革，解散大量修道院，没收修道院的财产，勒令修士还俗，教士人数急剧减少。据统计，16 世纪初英格兰、威尔士 250 万人中有 35000 名教士，但在人口不断增加的情况下（1545 年有 350 万人，1603 年有 410 万人），教士人数却大幅减少到 15000 名。[②] 在教士总人数大幅减少的背景下，到大学进修的教士人数相应减少便是情理之中的事情。另一方面，宗教改革对教士的文化素质提出了新的要求。宗教改革后，英国进入信仰冲突的年代，教士肩负着捍卫本派信仰、争取众多信徒的使命。他们需要有扎实的知识背景、接受过系统的训练，才会在唇枪舌剑的辩论中取胜，捍卫本派信仰，争取众多信徒，扩大自身的影响。从这一需求出发，在宗教改革的背景下，近代早期英国大学中教士人数急剧减少，但经历了宗教改革的震荡后，仍有提升。如牛津大学埃克塞特学院，在 1577—1583 年，学院学生中没有教士；1583—1588 年，教士占学生总数 2%；1588—1594 年，占 2%；1594—1599 年，占 10%；1599—1605 年，占 9.6%。[③]

由上观之，近代早期英国大学社会构成主体日益世俗化。大学社会构成主体一直是学者们关注的重要问题，但他们的观点不尽相同。马克·柯蒂斯（Mark H. Curtis）以剑桥大学冈维尔·盖厄思学院为例，说明 1603—1640 年，乡绅和贵族之子正“涌进大学”，成为“学生群体中最主导性因素”。[④] 见下页表。琼·西蒙（Joan Simon）女士对柯蒂斯教授的观点进行了质疑。她仍以该学院作为研究对象，认为从柯蒂斯的统计数据中，得出的结论应该是“家境出身好的学生人数持续增长的趋势并不明

---

① Rosemary O'Day, *Education and Society 1500 - 1800: the Social Foundations and Education in Early Modern England*, London: Longman Group Ltd, 1982, p. 197.

② Wilfrid Prest, *The Professions in Early Modern England*, New York: Croom Helm London Sydney, 1987, p. 31.

③ Lawrence Stone, *Oxford and Cambridge from the 14th to the Early 19th Century*, London: Oxford University Press, 1975, p. 169.

④ Joan Simon, "The Social Origins of Cambridge Students, 1603 - 1640", *Past and Present*, No. 26, Nov. 1963.

显，相反，这组数字表明，在入学人员中随着下层人士子弟减少，城市中等阶层和专业人员之子大量增长”①。

1560—1630 年盖厄思学院入学人员的社会出身

时期	绅士（%）	牧师、专业人员、贸易商（%）	小所有者和其他人员（%）
1560—1569	41	4	55
1580—1589	41	12	47
1600—1609	47	27	26
1620—1629	47	38	15

学者们运用同样一份资料却得出了不同的结论，主要原因在于当时英国各阶层群体边界相当模糊。时人习惯于以“绅士”“非绅士”界定各阶层的人。其中绅士不仅包括贵族、乡绅，也包括一些成功的商人、大约曼农、律师等专业人员。受此影响，柯蒂斯教授虽然将学生家长分为三类：贵族、乡绅；专业人员、大商人，其中专业人员包括牧师、律师、医生，但不包括教师；小所有者，包括约曼和农民。但他认为专业人员和大商人“在市镇拥有特权和责任，就像乡绅在乡村拥有特权和责任一样”。② 因此，将专业人员与大商人列入贵族等级，得出了“大量富有、贵族家庭之子涌进大学”的结论。西蒙认为虽然一些从事中间阶层职业和享有中等收入的人，可以被称为绅士，但并非所有的中间阶层人士都能享有较高的社会地位。如果将中间阶层进行单独考察，会发现平民之子而不是乡绅、贵族之子大量涌进大学。③

笔者认为在社会结构复杂、社会分层模糊的背景下，很难考察出具体是哪一个阶层的人成为大学社会构成主体。但如果不从社会阶层的角度，而从宗教性与世俗性的角度考虑，我们会发现，无论学生主体是贵族抑或

① Joan Simon, “The Social Origins of Cambridge Students, 1603 - 1640”, *Past and Present*, No. 26, Nov. 1963.

② Mark H. Curtis, *Oxford and Cambridge in Ttransition, 1558 - 1642 : An Essay on Changing Relations between the English Universities and English Society*, London: Oxford University Press, 1959, p. 61.

③ David Cressy, “The Social Composition of Caius College, Cambridge 1580 - 1640”, *Past and Present*, No. 47, May, 1970.

是中间阶层也就是上文提到的平民，都说明英国大学中日益增加的世俗学生逐渐取代了中世纪宗教学生群体，成为大学社会构成的主体。大学社会构成主体日益世俗化成为英国大学教育发展的一个显著特征。“英国大学发生的明显不同于中世纪大学的一个变化是学生主体的世俗化。”①

二　人文主义与大学社会构成的变化

人文主义教育思想在英国的传播是大学社会构成发生变化的重要推动力。人文主义教育思想不仅提出更具人性化的教育方法，而且强调教育的目的在于培养绅士、未来的统治者，以及律师、医生、牧师等专业人员。新的教育思想符合了近代早期英国现实需求，激起社会各阶层对教育的热情，推动大学构成出现多元化与世俗化趋势。

贵族子弟入学与人文主义思想影响下社会对高贵、荣誉的再定义有密切的联系。中世纪贵族讲究的是出身与门第，贵族的荣誉来自显赫的战功。但人文主义者认为贵族不仅应该具有高贵的血统，更应该具有为国效力的才能、有高尚的品德、接受过良好的教育。依据出身与学识等的差异，近代早期的人将贵族分成三种类型：第一类是不仅有着高贵的血统，而且也“学识渊博、有良好的语言知识、擅长军事，能保家卫国”的理想贵族。第二类是虽然有着高贵的血统，却因忽视教育，缺乏高贵品质的贵族。这类贵族，“不配称为贵族”。第三类是伪贵族。伪贵族虽然没有高贵的血统，却因多才多艺获得尊敬与贵族头衔。这类贵族往往拥有智慧、美德、勇敢等品质，而且还具备高深的文化修养、渊博的法律知识。②

人文主义者对高贵的重新界定改变了贵族对文化知识的态度，推动着贵族子弟入学。中世纪贵族歧视文化知识的学习。如一位保守的乡绅曾说：“我向主发誓，我宁愿自己的儿子上绞刑架也不愿意他学习文化。因为绅士的儿子应该学会优雅的谈吐、娴熟高雅地骑马打猎、放鹰养犬。而文化知

---

① Lawrence Stone, *Oxford and Cambridge from the 14th to the Early 19th Century*, London: Oxford University Press, 1975, p. 151.

② William Harrison Woodward, *Studies in Education during the Age of the Renaissance, 1400 – 1600*, Cambridge: Cambridge University Press, 1906, pp. 297 – 298.

识的学习应该留给村夫的儿子。”[①] 乡绅对文化知识的看法可以代表中世纪以来传统贵族对学问的蔑视。但近代早期英国贵族逐渐改变了对文化知识的态度。沃尔克（Obadiah Walker）认为贵族应该学习文化知识，尤其是有益于为王国服务的知识。[②] 让后辈接受教育在当时成为父母的重要职责。这一时期的贵族父母普遍希望自己的孩子在继承世袭爵位、踏入社会之前，给他们以绅士应有的教育。约翰·斯特罗德（John Strode）爵士在劝诫儿子应该在大学好好学习时也强调，对贵族来说，“学问就像一颗镶在金戒指上的钻石：两者相得益彰”。[③] 威廉·弗莱明（William Fleming）爵士将儿子送往剑桥大学接受教育时，也告诫他要“孜孜不倦地专心于学习，因为现在（学习）是为以后能够多才多艺打基础的”。[④]

人文主义者改变了中世纪以来知识、教育在人们心目中的形象，迎合了贵族精神生活的需求，从而成功地激发了世俗贵族对大学教育的兴趣。这是贵族子弟入学的根本动因。

平民子弟入学与人文主义教育思想的传播有着密切的关系。首先，人文主义教育思想为接受过大学教育的平民子弟跻身上流社会奠定了思想基础。人文主义教育思想将学问视为贵族必须具备的一种美德，在客观上改变了中世纪以来社会地位划分的标准。中世纪将土地和财富的多寡作为划分社会地位的主要标志，但随着人文主义思想在贵族中的传播，学问已经成为体现贵族高贵性不可或缺的一部分，是塑造一名绅士的重要条件。近代早期的学者型政治家史密斯（Thomas Smith）在界定绅士身份时提出，“对于任何学习王国法律的人，在大学学习的人，那些宣称有丰富科学知识的人……将被称为主人。这是给准骑士和其他绅士以及那被认为是一名绅士者的头衔”。[⑤] 接受大学教育像拥有土地或财富一样，成为获得绅士身份的标志。学生通过接受大学教育实现代际流动，从平民阶层跻身贵族阶层。大学教育和绅士身份之间的正相关性，推动平民将接受大学教育视

---

① Lawrence Stone, *The Crisis of the Aristocracy 1558 - 1641*, London: Oxford University Press, 1980, p. 305.

② Obadiah Walker, *Of Education, Especially of Young Gentlemen*, EEBO, 1699, p. 34.

③ Lawrence Stone, *The Crisis of the Aristocracy 1558 - 1641*, London: Oxford University Press, 1980, p. 306.

④ Lawrence Stone, *Oxford and Cambridge from the 14th to the Early 19th Century*, London: Oxford University Press, 1975, p. 25.

⑤ Thomas Smith, *De Republica Anglorum*, London: Henrie Midleton, 1583, p. 72.

为实现向上社会流动的重要途径，纷纷涌进大学。

其次，人文主义教育思想为接受过大学教育的平民子弟获得职业身份奠定了思想基础。人文主义教育思想强调通过古典文化的熏陶，将年轻人培养成为既有高尚的道德情操、又懂得国家事务管理的人才。这在实质上承认了教育在获得国家公职中的作用，为缺少庇护关系的平民在社会中谋取职位提供了依据。接受大学教育成为他们获得某种职业的主要途径。如伊丽莎白统治时期规定，“如果任何人能懂希腊文（硕士阶段的学习内容——本文作者注），他就可以被授予地方主教的职位，如果懂拉丁文（本科阶段就要学习的内容——本文作者注），就可以获得牧师职位”。[①] 接受大学教育成为跻身教会，并在教会中谋取高职的重要条件。此外，大学毕业生还可以获得在政府机构或大贵族家中任职的机会。如托马斯·沃尔西出生于一个贫贱的家庭，却依靠才能，出任亨利八世的御前大臣，成为除了亨利以外的最高统治者。大学教育与获得职业之间的正相关性，刺激平民子弟对教育产生了极大热情。

人文主义教育思想对社会各阶层的人来说都有其自身的价值。对贵族而言，它是展现优雅、高贵的生活，巩固社会地位，捍卫传统政治特权的有效途径。对平民而言，它又是跻身贵族阶层、获取某种职业、改变现有命运的通途。修身养性的人本位价值观与追求功利的社会本位价值观在人文主义教育思想中奇妙地融合起来，并适应了社会各阶层的需求，是这一时期大学社会构成主体多元化、世俗化的重要原因。

三 近代早期英国大学社会构成变化的影响

首先，近代早期英国贵族、平民纷纷涌进大学，直接导致大学招生规模不断扩大。在整个中世纪，牛津、剑桥大学招收学生人数相对较少。由于缺乏完备的统计数据，我们难以统计出当时学生的具体数据。但从中世纪后期保留下来的统计资料中，仍然可以管窥当时学生的入学情况。据罗森塔尔（Joel T. Rosenthal）在《牛津、剑桥大学与中世纪英国贵族》一文中的统计资料表明，1307—1485 年，牛津、剑桥大学共招收 30000—

---

① Lawrence Stone, *Oxford and Cambridge from the 14th to the Early 19th Century*, London: Oxford University Press, 1975, p. 18.

45000 名学生。[1] 按 45000 名学生入学进行计算，在 178 年的时间里，每年入学人数约 253 人。

但近代早期各阶层人员纷纷涌进大学，直接导致大学招生规模不断扩大。对近代早期英国大学入学状况研究成就最突出的是已故的历史学家劳伦斯·斯通（Lawrence Stone）。他曾在《1560—1640 年英国的教育革命》《社会中的大学：14—19 世纪初的牛津与剑桥大学》等作品中对此展开过深入的探讨。下文将以此为基础结合其他学者的研究成果，考察社会构成变化对大学招生规模扩大产生的影响。

近代早期牛津、剑桥大学入学人数大幅度增加。增长态势如下图所示。[2]

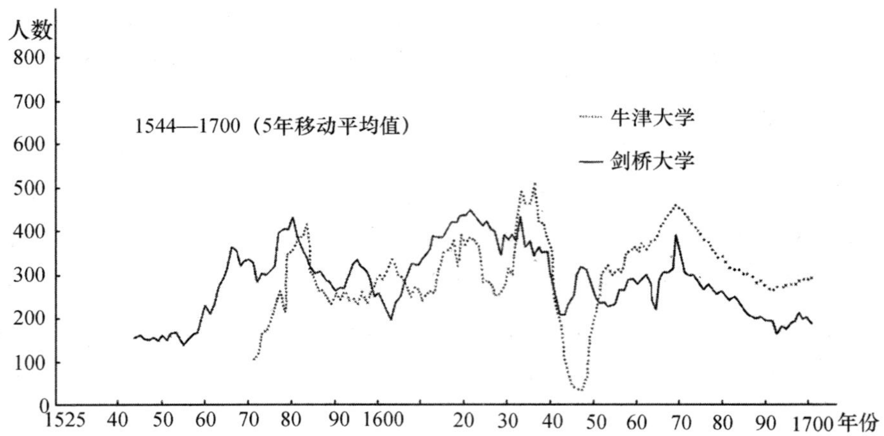

牛津和剑桥大学入学人数

从 1544—1700 年两校招生情况看来：近代早期，牛津、剑桥大学入学人数基本呈增长的态势，尤其是在 16 世纪 60 年代至 80 年代中叶，入学人数显著增长。这种状况一直持续到斯图亚特王朝时期。据克雷西（David Cressy）教授的统计，16 世纪上半期大学入学人数增加到每年大

---

① Joel T. Rosenthal, "The Universities and the Medieval English Nobility", *History of Education Quarterly*, Vol. 9, No. 4, Winter, 1969.

② Lawrence Stone, "The Educational Revolution in England, 1560—1640", *Past and Present*, No. 28, Jul. 1964.

约 300 人，16 世纪下半期每年 700 多人。16 世纪 90 年代有过短暂的回落，到 17 世纪 20 年代和 30 年代出现新的增长，牛津和剑桥每年新生达到 1000 人。[①] 斯通教授对此给予更具体的数据说明（下表）。

1560—1639 年牛津、剑桥大学入学人数[②]

时间	剑桥大学注册人数	未登记人数所占百分比	总数	牛津大学注册人数	未登记人数所占百分比	总数	估计两校入学总人数
1560—1569	295	+20%	354	250	+20%	300	654
1570—1579	340	+20%	408	310	+20%	372	780
1580—1589	337	+20%	404	317	+15%	366	770
1590—1599	298	+20%	357	259	+15%	295	652
1600—1609	270	+20%	324	294	+30%	382	706
1610—1619	394	20%	473	316	+30%	411	884
1620—1629	417	20%	500	312	+30%	406	906
1630—1639	400	20%	480	460	+25%	575	1055

入学人数增加是大学发展的一个重要表现。从上表可以看出，相比中世纪大学入学人数而言，近代早期大学入学人数显著增长，学者们为此将这一时期教育领域发生的变化称为“教育革命”。

虽然这一时期大学招生规模扩大，但各学院每年招收的新生都不多，一般为 10—30 人，圣·约翰学院作为剑桥大学最主要的学院之一，每年招收新生居各学院之首，在最高年份也不足 80 人。尽管如此，近代早期英国大学仍然获得相当程度的发展。两所大学 1500—1750 年新建了 16 所学院，其中剑桥大学 6 所：基督教学院（1505 年）、圣·约翰学院（1511 年）、马德林学院（1542 年）、圣·三一学院（1546 年）、伊曼纽尔学院（1584 年）、西特尼·苏撒斯学院（1596 年）。牛津大学新建了 10 所：布雷奇诺斯学院（1509 年）、基督圣体学院（1517 年）、基督教堂学院（1546 年）、圣·约翰学院和三一学院（1555 年）、耶稣学院（1571 年）、沃德姆学院（1612 年）、彭布鲁克学院（1624 年）、伍斯特学院（1714

① David Cressy, *Education in Tudor and Stuart England*, London: Edward Arnold, 1975, p. 9.

② Lawrence Stone, "The Educational Revolution in England, 1560—1640", *Past and Present*, No. 28, Jul. 1964.

年）和赫特福德学院（1740 年）。[①] 大量新学院的建立说明了大学人数大幅度增加的事实。虽然每一所学院入学新生的绝对数字不大，但是因为学院众多，这一时期两所大学的入学人数相当可观。生活于 16 世纪的威廉·哈里森（William Harrison）撰写《英国纪实》，概述自己生活时代——伊丽莎白时代的社会环境。他在书中写道：在我所处的时代，两所大学大约有 3000 名学生。[②]

以中国大学招生规模看来，当时英国大学招生规模扩大现象并不明显，但我们不能将时代不同、人口总数不同的两个国家大学招生规模进行机械化比较。相比于中世纪学生人数而言，近代早期英国大学入学人数大幅度增加，“15 世纪末 16 世纪初，英国教育相比以前有了飞速的发展。大学入学人数不断增加，到 17 世纪 30 年代时大学招收学生至少是中世纪的几倍”。[③] 劳伦斯·斯通教授曾统计出，在英国内战爆发之前，英国约有 2.5% 的成年男子接受了大学教育。从大学生占成年男子的比例而言，直到第一次世界大战时期，英国高等教育才达到 17 世纪 30 年代的水平，直到第二次世界大战期间才超过它。[④] 可见，近代早期英国大学招生规模是相当大的，这是教育发展史上的一个巨大飞跃。虽然学生人数的增加并非仅仅源于贵族、乡绅和平民子弟涌入大学，但他们作为社会构成主体，对大学招生规模扩大所起的推动作用是不言而喻的。

其次，贵族涌进大学改变了大学生的社会形象。中世纪大学生要么是沉思默想的神职人员，要么是穷困潦倒的寒门学子。神职人员把自己献给了上帝，崇尚清心寡欲的生活。而寒门学子则靠资助生活，时常为贫困所困扰。现存的大量求助信中，学生经常提到缺少食品、暖气、衣服、寝具、书籍、纸张等生活用品。中世纪大学生普遍缺钱，也缺乏由金钱带来的舒适生活与安全感。而近代早期英国贵族子弟涌进大学，将贵族的生活方式也带进了大学。亨利·斯林斯比（Henry Slingsby）以自费生身份进

---

① Helen M. Jewell, *Education in Early Modern England*, New York: St. Martin's Press, Inc., 1998, p. 111.

② William Harrison, *The Description of the England*, New York: Cornell University Press, 1968, p. 70.

③ Hugh Kearney, *Scholars and Gentlemen: Universities and Society in Pre-Industrial Britain 1500 – 1700*, London: Faber & Co. Ltd, 1970, p. 23.

④ Lawrence Stone, “The Educational Revolution in England, 1560—1640”, *Past and Present*, No. 28, Jul. 1964.

入剑桥大学女王学院，他花费一小笔钱买了一件用土耳其罗缎质地镶有金边的天鹅绒台面呢做了一件自费生穿的镶金纽扣的精美的大学礼服。他总是击剑和骑马。[①] 布莱姆·特温（Brian Twyne）写给父亲的信也反映出当时英国大学生生活习惯与品位的变化。特温是牛津大学基督圣体学院一名学生，来自一名专业人员家庭。1597 年他在信中埋怨父亲：按照你说的，我带着木头、废旧的杂物、便盆（上学），除了我，其他学生都没带这些东西。[②] 木头等物品是中世纪以来大学生的生活必需品，但特温认为带这些东西上学是非常丢脸的事情。为了挽回颜面，他乞求父亲给他 1.25 码上好的波纹绸缎，做一件新的大学礼服。他对父亲说：尽管你可能会说，在你所处的时代，习俗并不如此，但在我所处的时代，没有天鹅绒礼服，将显得既没有显赫的地位也不受尊重。[③] 在近代早期的大学生中，特温的要求并不过分。随着贵族、平民子弟涌进大学，大学生普遍崇尚奢侈、休闲的生活。以至 17 世纪初，剑桥大学校长罗伯特·塞西尔（Robert Cecil）列举大学中的种种弊端，“大学无秩序、不遵守学校规章、有学术衰退的倾向和其他挥霍浪费的行为”。他抱怨，“现在学生穿着丝织服装或天鹅绒服装走进学校，他们更像是朝臣而不像是学生”。[④] 为了规范大学生活，大学规章规定，禁止学生穿奢侈性服装：“王国内绅士、大贵族或骑士之子……允许在服饰方面花更多的钱，但不能太过分，学识渊博的学生与教授要衣着得体。”[⑤] 在某种程度上，牛津、剑桥大学要求简约服装的规章反映出英国大学生活方式的变化。奢侈浪费、休闲娱乐成为近代早期英国大学生活的典型特征。

最后，大学社会构成的变化密切了大学与社会的关系。贵族子弟入学加强了大学与乡村的联系。一方面，大学社会构成的变化将大学文化引进乡村，增强了英国文化的同一性。贵族学生来自英国不同的地区，“牛津

---

① Lawrence Stone, *Oxford and Cambridge from the14 th to the Early19 th Century*, London: Oxford University Press, 1975, pp. 26 - 27.

② Mark H. Curtis, *Oxford and Cambridge in Ttransition, 1558 - 1642: An Essay on Changing Relations between the English Universities and English Society*, London: Oxford University Press, 1959, p. 55.

③ Ibid., p. 56.

④ Ibid., p. 55.

⑤ Ibid.

大学三一学院的自费生至少来自29个不同的乡郡”。[①] 他们在大学接受教育以后，往往会回到家乡，管理家族地产，有些人甚至兼任没有薪俸的地方官员。这既提高了贵族管理地产和地方政务的能力，也推动着贵族将在大学接受到的主流文化传到乡村，改变了乡村上层人士的生活方式与社会形象。接受过大学教育的乡绅不再沉溺于放鹰养犬，转而追求文化品位与多才多艺。乡绅也一改中世纪以来赳赳武夫的社会形象，转变成为举止优雅、彬彬有礼的绅士。另一方面，贵族子弟入学也加大了地方对大学的支持力度，加强了地方权力向大学的渗透。大学与乡村的联系并不因为学生离校而中断。相反，贵族学生返回家乡后，往往会利用有利的社会资源，加大对大学的捐赠力度，推动各乡村与相应的学院之间建立密切的联系。如剑桥大学盖厄思学院一直受到诺福克郡捐赠人的慷慨捐助，几乎成为诺福克郡的一所地方学院。贵族子弟入学既将大学文化引入到乡村，也将乡村的势力渗透到大学，加强了大学和乡村的联系。

不仅如此，大学社会构成的变化也拓宽了毕业生的就业渠道，密切了大学与社会的关系。中世纪大学主要培养服务于教会的神职人员，因此，学生毕业后往往会进入教会。大学作为教会的附属机构，是独立于社会之外的。但是近代早期英国贵族、平民涌进大学，其中许多人并不准备进入教会，学生的职业取向已经发生了明显的变化。理查德·泰勒（Richard Tyler）对剑桥大学4所学院学生情况进行统计，发现1590—1640年，这4所学院共培养7039人。其中264人拥有政治职务，41.3%的人进入教会，47.5%的人留学院继续深造、从事学术研究，281人进入世俗职业界，成为医生、律师、教师。[②] 虽然部分学生仍然在教会中谋职，但也有部分学生追求律师、医生之职或出任国家各级政府官员，或回到家乡经营家族地产。毕业生就业去向日益多元化，大学日益成为社会机构的一部分，为世俗社会输送大量专业人才和管理人员。“到伊丽莎白时期，大学已经成为国家非常重要的辅助机构，是国家政策的支持者和国家公职人员的培养基地，也是教会培养教士的主要场所。”[③]

通过对近代早期英国大学社会构成的考察，我们可以发现人文主义教

---

① Rosemary O'Day, *Education and Society 1500 – 1800: the Social Foundations and Education in Early Modern England*, London: Longman Group Ltd, 1982, p. 99.

② Ibid., p. 95.

③ James McConica, *The Collegiate University*, Oxford: Clarendon Press, 1986, p. 149.

育思想推动着这一时期英国大学社会构成主体由教士转变为世俗子弟。在人文主义教育思想的支配之下，无论是王公贵族抑或是平民百姓都纷纷涌进大学，大学社会构成主体呈现世俗性特征。近代早期英国大学社会构成的变化，不仅改变了大学内部的构成与学生形象，也加强了大学与社会的联系，对大学和社会的发展都产生了深远的影响。

第二节　人文主义与大学课程的变化

一　从经院主义到人文主义——大学课程的变化

相比中世纪大学教育而言，近代早期英国大学教育的核心课程已经发生了实质性的变化，即从强调逻辑学、哲学等经院主义知识到强调修辞学、文法等人文主义新学。大学课程的变化主要表现在以下方面。

（一）常设课程的变化

常设课程是由大学规章规定要获得学位的学生必须学习的课程，相当于我们现在理解的必修课。查阅中世纪和近代早期大学规章，可以发现，相比中世纪而言，近代早期英国大学常设课程发生了明显的变化。

中世纪大学课程主要包括“三艺”（文法、逻辑、修辞）、“四艺”（算术、几何、天文、音乐），以及三门哲学课（道德哲学、自然哲学、形而上学）。在这些课程中，中世纪大学更强调逻辑学与哲学的重要性。如15世纪牛津大学本科生运用普里西安的《论词序》和多纳塔斯的《论非拉丁语》学习文法基础；之后，他们要详尽地学习亚里士多德的《工具论》，借助于亚里士多德的《物理学》《论灵魂》和《论生灭》透彻地学习自然哲学，才完成文科必修课程，申请学士学位。① 在中世纪的常设课程中，《工具论》是亚里士多德的逻辑论文汇编，是逻辑学的奠基之作。《物理学》《论灵魂》《论生灭》主要涉及自然哲学问题。而普里西安的《论词序》与多纳塔斯的《论非拉丁语》虽然介绍了文法基础，但主要是以经院主义方法，即逻辑推理的方法，传授文法规则，而不是运用人文主义方法，即通过阅读古典文献的方法，讲授文法知识。这两本书与其说是传授文法知识，不如说是培养了逻辑推理能力。因此，中世纪大学

① Rosemary O'Day, *Education and Society 1500 - 1800: the Social Foundations and Education in Early Modern England*, London: Longman Group Ltd, 1982, p. 126.

中，“逻辑学和哲学占有如此重要的地位，以致其他科目黯然逊色”。[①]

但近代早期英国大学教育的内容发生了明显的变化。伊丽莎白女王执政时期颁布了一部大学规章，称为伊丽莎白规章（*The Elizabethan Statutes*）。该规章对英国大学教学内容的规定直接决定着当时大学课程的发展格局。依据规章规定，在文法方面，学生要学习普里西安和人文主义者托马斯·林纳克的文法作品；在修辞学方面，要学习亚里士多德或西塞罗的作品；在逻辑学方面，要学习浦尔菲利、亚里士多德或博提乌斯的主要作品；在数学方面，要学习博提乌斯、腾斯托尔或弗里西厄斯的作品；在几何学方面，要学习欧几里得或维特里奥的《透视法》；在天文学方面，要学习约翰尼斯的《行星论》或托勒密的《至大论》及其他作品。[②] 相比中世纪大学课程设置而言，这一时期大学教育内容发生了以下变化。

一是人文主义课程在大学中的地位得以确立。这一时期大学课程名称虽然没有发生变化，仍是文法、修辞学、逻辑学等，但课程内容发生了变化，人文主义新学进入大学讲堂。在这份规章中，有部分课程是人文主义性质的课程。其中，托马斯·林纳克、腾斯托尔、弗里西厄斯等人是近代早期英国著名的人文主义者，他们的作品代表了人文主义者的知识水平与学术兴趣。而西塞罗、维吉尔、荷马等人是文艺复兴时期人文主义者推崇、模仿的对象，他们的作品代表了人文主义者的知识追求取向。人文主义者的作品或人文主义者推崇的作品在大学规章中出现，意味着人文主义新学在大学的地位合法化，当时的大学正推行人文主义新学，大学正以新的精神指导学生学习。人文主义课程的出现改变了中世纪以来大学课程中经院主义课程的垄断地位，反映了人文主义新学对大学的影响。二是大学保留了部分经院主义课程。在这份规章中，普里西安、博提乌斯、维特里奥、约翰尼斯、托勒密等人的作品都是中世纪大学的典型教材。经院主义课程在大学依然存在。经院主义课程的保留体现了近代早期英国大学课程传统与革新并存的特征。

不仅大学规章，而且教学实践也体现出大学课程的变化。规章虽然规定了学习科目，但学生并不需要掌握上述所有科目的知识，而只需对其中

---

① Rosemary O'Day, *Education and Society 1500 – 1800: the Social Foundations and Education in Early Modern England*, London: Longman Group Ltd, 1982, p. 126.

② James McConica, *The Collegiate University*, Oxford: Clarendon Press, 1986, p. 172.

任何一门课程中涉及的问题或某位名人的著作中涉及的相关问题作一次正式演说（lecture），并参加一次正式辩论即可申请学士学位。近代早期大学生的毕业考核只对某一具体科目进行，这意味着学生不需要掌握常设课程中所有课程，而只需掌握自己准备进行演说或参与辩论的科目即可。这一点可以从大学规章中对学生的具体要求表现出来。依据剑桥大学规章规定，如果毕业考核时要对文法知识进行演说的学生，在校期间要听两学期的文法课，学习林纳克的《文法基础》，该书包含维吉尔、荷马等古代作家的文法作品，或者是学习西塞罗的《书信集》；毕业考核时要对修辞学知识进行演说的学生，在校期间要学习四学期修辞学，包括亚里士多德的《修辞学》或西塞罗的修辞学作品。[①] 与此相似，在牛津大学，准备就修辞学知识进行演说的学生要读过一两本昆体良的著作或西塞罗的修辞著作；准备就逻辑学知识进行演说的学生要学过亚里士多德的辩证法著作和西塞罗的《论主题》；准备就哲学知识进行演说的学生要学习亚里士多德、普林尼或柏拉图的作品。[②] 因此，虽然大学规章规定的课程既有经院主义课程，也有人文主义课程，但同时也给学生选课留下了很大的空间。这一时期学生可以依据个人喜好在所有常设课程中选课，但不一定要修习所有课程。在这种情况下，学生在实际选课过程中比较偏向人文主义课程。这一时期选择逻辑学、经院哲学等传统学科作为学位课程的学生日渐减少，而选修人文主义新学作为学位课的学生却日渐增多。[③] 适应这一变化，到1636年大主教劳德颁布《劳德规章》时明确规定学位课程的最终目标是“确保习得语言和文学知识”。规章明确规定学位考试的首要目的是学位申请人“能以拉丁语表达自己的思想”，因此，只有那些能“持之以恒地坚持练习，能对日常发生的事情用拉丁语恰当地表达自己思想的人才能获得学位”。[④] 不仅如此，教师也往往会借助传统教材讲授人文主义新知识。如英国著名教师理查德·霍尔兹沃斯（Richard Holdsworth）虽然要求学生学习中世纪以来大学就使用的亚里士多德哲学著作，但他更强调

---

① Mark H. Curtis, *Oxford and Cambridge in Ttransition, 1558 – 1642: An Essay on Changing Relations between the English Universities and English Society*, London: Oxford University Press, 1959, p. 86.

② Ibid., p. 87.

③ Rosemary O'Day, *Education and Society 1500 – 1800: the Social Foundations and Education in Early Modern England*, London: Longman Group Ltd, 1982, p. 130.

④ Nicholas Tyacke, *Seventeenth- Century Oxford*, Oxford: Clarendon Press, 1997, p. 215.

通过阅读亚里士多德哲学著作学习希腊文。正如他所言，“阅读亚里士多德作品将不仅有助于你学习辩论”，“而且也有助于你学习希腊文”。事实上“希腊文远比其他知识更重要”。①

通过上文论述，可以发现这一时期大学课程虽然保留了传统学科，而且这些传统学科在大学教育中仍然占有相当重要的地位，但也提高了人文主义新知识的地位，并将人文主义新学置于与传统学科同等重要的地位。这改变了中世纪以来大学教育重逻辑学而轻其他学科的现象，打破了中世纪大学教育中自由七艺之间的平衡。人文主义新学的地位逐渐从形而上学、神学等科目的“婢女”地位提升到“家庭女主人”的地位。② 可以说，英国大学虽然没有从根本上改革大学课程，但在保持与弘扬传统课程的同时，大学教育也实行了革新，增加了对文法、修辞学、希腊语等人文主义新学的学习，形成革新与传统共存局面。

（二）非常设课的变化

大学规章规定的课程是学生攻读学位时选修的课程。但近代早期英国大学生入学有两种不同的目的。牧师、专业人员之子为了能在教会、法律界、政界谋取职位而入学。这部分学生往往会遵守大学规章，修习常设课程，以便获得学位。而贵族、乡绅之子并非为了谋求职业，而是为了增进美德、培养高雅的举止而入学。因此，贵族、乡绅子弟一般不会刻意追求学位，也很少严格遵守大学规章。这部分学生大大突破了大学规章的束缚，选择非常设课程。非常设课主要是导师对学生进行单独辅导的课程。其出现表明大学教学重点已经转移到人文主义新学。

近代早期大学选择常设课程的学生越来越少。据记载，在爱德华六世统治时期，不能按照规章规定修课是教学中存在的主要问题之一。如1547年剑桥大学教师抱怨说，学校招生人数日益增加，但教室里只有教授却没有一个学生，显得空荡荡的。③ 相似的抱怨在大学档案中屡屡出现。与常设课程选修人员越来越少的情况相反，选修非常设课程的人却越

---

① Nicholas Tyacke, *Seventeenth-Century Oxford*, Oxford: Clarendon Press, 1997, pp. 214 - 215.

② Mark H. Curtis, *Oxford and Cambridge in Ttransition, 1558 - 1642: An Essay on Changing Relations between the English Universities and English Society*, London: Oxford University Press, 1959, p. 96.

③ Ibid.

来越多。如巴辛伯恩·高戴（Bassingbourn Gawdy）于 17 世纪 50 年代进入剑桥大学，主要学习“由卡姆登教的现代史，由镇上一位专职数学老师教的数学，由镇上另一位法国籍专业老师教的法语”。[①]

当时大学非常设课程主要围绕人文主义新学展开。17 世纪，剑桥大学伊曼纽尔学院教师理查德·霍尔滋沃斯（Richard Holdsworth）曾经为刚进校的学生制定过一份“大学生指南”。该指南被完整地保存下来，是研究近代早期大学课程变化的重要资料。在指南中，他不仅列出学生应该学习的科目和阅读的书籍，而且阐明了各科学习的顺序，并指明哪些书籍要精读、哪些书籍要泛读等教学问题。从这份被后人广泛引用的教学指南中，可以看出他授课的内容主要是围绕人文主义新学展开的。

霍尔滋沃斯的指南规定学生要学习修辞学、逻辑学与哲学三门课程，但在这三门课程中，他更强调反映人文主义学术取向的修辞学的重要性。他要求所有学生大学 4 年期间，每天下午都要学习修辞学，并建议学生不要花太多时间学逻辑学。他只安排学生在入学第一年最初八个月内每天上午学习逻辑学，之后，上午的时间用于学习道德哲学、自然哲学、形而上学哲学以及逻辑学和另外三科中有争议的问题。从授课时间安排来看，我们可以发现霍尔滋沃斯重视修辞学学习，而减少了逻辑学的学习时间。在他看来，修辞学“比逻辑学更有用、更重要”。[②]

霍尔滋沃斯也增添了规章中没有提及的一些书籍。在哲学方面，他要求学生学完逻辑学基础后，泛读亚里士多德哲学和逻辑学著作，学会用三段式方法进行辩论。在大学三、四年级时，则要精读亚里士多德《工具论》《物理学》《修辞学》《论灵魂》《气象学》等哲学著作，塞涅卡的《关于自然界》和卢克莱修的《物性论》等作品。他认为这些古典作者可以让大学四年级的学生以优雅的词汇表达晦涩难懂的哲学术语。[③] 很明显，霍尔滋沃斯的心思不在于学习哲学，而在于学习古典文学。

在文学方面，他特别钟意于古典时代绝大多数名篇。他一再强调学生

---

① Lawrence Stone, *Oxford and Cambridge from the14th to the Early19th Century*, London: Oxford University Press, 1975, p. 26.

② Mark H. Curtis, *Oxford and Cambridge in Ttransition, 1558 – 1642: An Essay on Changing Relations between the English Universities and English Society*, London: Oxford University Press, 1959, p. 110.

③ Ibid., p. 112.

精通文学作品的重要性。在指南中，他为学生提供了一份非常广泛的阅读计划，其中文学作品远多于其他作品。一年级的学生要学习戈德温的《罗马古代史》和贾斯廷的历史著作，了解罗马风俗和习惯，接受古典文明的教育。此外也学习拉丁语著作，如西塞罗的《书信集》、伊拉斯谟的《对话集》、泰伦提乌斯的作品以及奥维德的《变形记》，提高学生的拉丁语水平。此外，在一年级时还要通晓希腊文，学习希腊文版的《新约》。二年级时，学生将学习文艺复兴时期拉丁文大师、修辞学家洛伦佐·瓦拉的《论拉丁语的典雅》等著作，复习一年级时学过的文法知识与修辞学的技巧。接下来的两年多时间里，要学习所有古典名著。在拉丁语作者中，他们将学习西塞罗、昆体良、马提雅尔和塞涅卡、维吉尔、奥维德、尤维那尔、卢卡和普鲁塔克、李维、弗劳鲁斯、苏多尼乌斯等人的作品。在希腊语作者中，要学习伊索、希西阿德、狄摩西尼斯和荷马等人的作品。[①] 这些作品都是当时著名人文主义者的作品或者是人文主义者极力倡导的古典文化作品。可见，霍尔滋沃斯的教学内容以人文主义新学为主，他希望以此给年轻贵族以古典文化的熏陶，培养年轻贵族的美德。

从霍尔滋沃斯的指南中，我们可以感受到人文主义知识在大学里的重要地位。人文主义课程俨然已经成为大学的主要课程。但长久以来，非常设课程的重要性一直没有受到足够的重视。非常设课程具有诸多不确定性因素，教学内容和教学效果也难以保证。这可能是学界考察这一时期大学教育时很少考虑非常设课的重要原因。但非常设课程在当时英国大学教育中不是偶然现象而是非常普遍的现象，也是近代早期英国大学教育的重要特征。这一时期贵族、乡绅子弟在大学社会构成中占了相当大的比例，除了少数追求学位的人之外，大多数人都将大学视为修身养性的场所。在校期间，他们往往依据个人喜好，自己出钱聘请导师，学习相关的非常设课程知识。非常设课程已经成为当时英国大学教育的重要组成部分，使"大学适应了当时思想和环境的变化"，推动"16世纪末17世纪初大学发生了根本性变化"。[②] 因此，如果忽视非常设课程的存在，我们将很难看清近代早期英国大学教育发展的真实状况。

---

① Mark H. Curtis, *Oxford and Cambridge in Ttransition, 1558 - 1642: An Essay on Changing Relations between the English Universities and English Society*, London: Oxford University Press, 1959, p. 113.

② Ibid., p. 147.

二　人文主义者与大学课程的变革

人文主义者不仅是教育理论家，提出了人文主义教育思想，而且也是教育改革家，在大学极力践行人文主义教育理想，改革英国大学传统教学内容，推动着近代早期英国大学课程的变革。人文主义者对大学课程变革的影响主要体现在以下几个方面。

首先，人文主义者设立人文主义讲师席位，确立人文主义新学在大学的地位。讲师席位（lectureship）指近代早期英国大学或学院为了实现教学主体价值目标而设立的面向全校师生讲授某一科目的教职岗位，如希腊语讲师席位、神学讲师席位等。讲师席位与教授席位（professorship）具有同样的教学功能。近代早期讲师席位与教授席位的地位也大体相当。如在牛津大学 1549 年的规章中，在神学、民法、医学、数学等科目的讲师席位的标题下，也罗列了语言学、哲学、辩证法或修辞学等科目的教授席位。[①] 近代早期英国讲师席位与教授席位的名称通常是可以互换的。

英国正式设立讲师席位或教授席位是在 15 世纪末期。1480 年，韦恩弗利特建立了莫德林学院并制定了学院规章。在规章中，韦恩弗利特提出设立神学、道德哲学和自然哲学三科讲师席位，面向全校学生授课。这三科讲师席位强调神学的重要性，体现的是中世纪教育价值目标。

首次在大学设立人文学科讲师席位的是理查德·福克斯（Richard Fox）。福克斯 1448 年生于林肯郡，曾在莫德林学院接受教育，并先后到欧洲人文主义学术中心卢万大学、巴黎大学学习，精通人文主义新学。1485 年他出任王室秘书，1487 年成为枢密院成员，随后他多次出任王室外交大使之职。1498—1500 年任剑桥大学校长，1507—1518 年在彭布鲁克学院授课，1517 年在牛津大学建立基督圣体学院，并在学院设立三个带薪讲师席位。带薪讲师席位是指该席位教师的薪水由学院支付。带薪讲师席位的设立可以让教师拥有相对稳定的经济收入，能够安心教学，保证相关学科的正常发展。福克斯设立带薪讲师席位不仅引进了新的财政方法，保证了教学质量，提高了教学水平，而且重新定位了大学教学内容。

1517 年，福克斯在基督圣体学院设立人文学、希腊语和神学三科讲师席位。其中，神学讲师讲授硕士、博士的课程，而人文学和希腊语讲师

---

① James McConica, *The Collegiate University*, Oxford: Clarendon Press, 1986, p. 335.

主讲人文主义新学，面向本科生授课。根据福克斯制定的基督圣体学院规章规定，人文学讲师周一、三、五早上8：00—9：00，讲授西塞罗、昆体良等拉丁语演说家的作品，以及萨卢斯特、瓦勒利乌斯、苏多尼乌斯和普林尼的作品；周二、四、六，早上8：00—9：00，讲授维吉尔、奥维德、卢卡、尤维那尔、特伦斯或普鲁塔克的作品。在节假日要阅读、阐释荷马或古罗马讽刺诗人佩尔西乌斯等人的作品。[①] 希腊语讲师周一、三、五，上午10：00—11：00讲授伊索克拉底、卢克莱修等人的希腊语作品和希腊语文法；周二、四、六，上午10：00—11：00讲授阿里斯托芬、欧里庇得斯、索福克勒斯、希西阿德等人的作品，或古希腊其他作家的诗歌。有时也讲授狄摩西尼斯、修昔底德、亚里士多德、西俄夫拉斯塔斯或普鲁塔克等人的著作。节假日阅读荷马的警句或柏拉图等人的作品。[②] 福克斯要求所有本科生都必须上人文学与希腊语讲师的课，学习希腊语和拉丁语，每天晚上用半小时的时间测试白天学习的知识，拒绝参加考试和不上课的学生将遭到惩罚。[③] 可见，在基督圣体学院，人文主义新学已经成为大学的核心课程。该规章确立了人文主义新学在大学教育中的主体地位。

受福克斯的影响，费希尔（Fisher）主教、红衣主教沃尔西（Wolsey）也纷纷在大学设立人文学科的讲师席位。尤其是红衣主教沃尔西新建红衣主教学院，并先后设立了6个讲师席位，包括神学、教会法、哲学和民法、医学和人文学科。在这些讲师席位中，沃尔西尤其重视神学与人文学科知识的传播，如人文学教授与神学教授年薪各40磅，其他教授年薪20磅。在授课时间方面，人文学教授每天要上两次课：上午8点，讲授西塞罗、昆体良或其他作家关于修辞学的作品；下午1点，讲授希腊语基础知识，或为硕士生、博士生讲授伊索克拉底、卢克莱修、荷马、阿里斯托芬、欧里庇得斯、索福克勒斯、希西阿德或其他希腊语作家的作品。[④] 而其他学科，每日只上一次课，如哲学教授上课时间安排在上午，讲授亚里士多德的自然哲学、道德哲学和形而上学，偶尔也讲授柏拉图的

---

① James McConica, *The Collegiate University*, Oxford: Clarendon Press, 1986, p. 21.

② Ibid., p. 22.

③ Ibid.

④ Ibid., p. 340.

哲学。[①]

弗朗西斯·培根（Francis Bacon）曾在《学术的进展》中提到学术发展需要具备四个条件，“一是建造房屋，二是给予经费，三是赋予特权和特殊待遇，四是由政府颁布制度和法令”。[②] 近代早期英国建立了传播人文主义新学的学院，设立人文主义讲师席位，给予传播人文主义新学的教师以稳定的经济保障，并由君主颁布敕令，确立了人文主义新学在大学中的地位。这些措施为人文主义新学在大学的确立提供了条件，加强了人文主义思想在大学的渗透与传播，使人文主义新学逐渐成为大学知识生活的主流。正如学者们评价的，“福克斯设立讲师席位与沃尔西在红衣主教学院的管理成为都铎时期大学的管理模式，将大学引领到一个新的时代”。[③]

其次，人文主义者出任讲师之职，讲授人文主义新学。近代早期英国大学人文主义课程由人文主义者或受人文主义思想影响的人承担。理查德·福克斯作为近代早期英国著名的人文主义者，不仅在大学设立人文主义讲师席位，确立了人文主义新学在牛津大学中的地位，还亲任人文学科教授，讲授希腊语与拉丁语知识。他在拉丁语教学方面的成果尤为显著，获得了“拉丁语的传播者”的美誉。在红衣主教学院，约翰·克莱门特（John Clement）讲授人文主义新学引起不小的轰动，“克莱门特在牛津大学的讲授比其他任何讲授都聚集了更多的听众……即使那些曾经诅咒古典文化的人也逐渐改变了立场，来听他上课”。[④] 克莱门特是近代早期人文主义者培养出来的一代新人，他曾在科利特建立的人文主义新学校——圣·保罗学校接受教育，受到学校高级教师、著名人文主义者威廉·利利（William Lily）的指导，随后又在著名人文主义者托马斯·莫尔（Thomas More）家里担任家庭教师，成为以莫尔为核心的伦敦人文主义学术团体中的重要一员。1518—1520 年，他担任红衣主教学院人文学科的讲师。1520 年 3 月，他离开英国去卢万学医。1522 年到意大利游学，回国后于 1528 年被任命为王室御医，1544 年担任皇家医学会的主席。这样，他像

---

① James McConica, *The Collegiate University*, Oxford: Clarendon Press, 1986, p. 340.

② ［英］弗朗西斯·培根：《学术的进展》，刘运同译，上海人民出版社 2007 年版，第 58 页。

③ James McConica, *The Collegiate University*, Oxford: Clarendon Press, 1986, p. 17.

④ Ibid., p. 337.

林纳克一样，也以希腊语起家，进行医学研究，而且也在大学传授人文主义新学。红衣主教学院第二任人文学讲师是托马斯·拉普塞特（Thomas Lupset）。拉普塞特是一位富有的金匠之子，孩童时代就以家内教育的方式，在著名人文主义者科利特（John Colet）家里接受教育。经科利特推荐，他跟随威廉·利利学习希腊语和拉丁语，后来到剑桥大学彭布鲁克学院学习，成为世界人文主义者伊拉斯谟的学生，人文主义知识功底深厚。1514 年，他离开剑桥大学，到巴黎大学学习，并于 1517 年帮助托马斯·莫尔出版《乌托邦》第二版。他不仅是著名的希腊语和拉丁语学者，也是一位著名的英语散文作家，在英国文学发展史上占重要的地位。他也曾经将圣·克里索斯托的祷告翻译成英语。1519 年 4 月，他回到英国接替克莱门特的职位，在牛津大学给学生讲授希腊语和拉丁语，听众甚多，影响颇大。为此，牛津大学曾致信国务大臣沃尔西（Wolsey），感谢他推荐了拉普塞特到学校任教。[①] 三年后拉普塞特也离开了牛津大学，前往欧洲大陆，在帕都亚大学学习，并成为红衣主教、人文主义者雷金纳德·波尔（Reginald Pole）家庭中的一名成员。继拉普塞特之后，红衣主教学院讲授人文学的是来自西班牙的著名人文主义教育家维夫斯（Juan Luis Vives）。1523 年，维夫斯受沃尔西的邀请到牛津大学任教，讲授修辞学和古典文学。1528 年，因卷入亨利八世的离婚案，失去了亨利八世和凯瑟琳王后的信任，被迫离开英国，定居布鲁日。旅居英国 5 年的时间里，维夫斯一直在牛津大学任教，传播人文主义新学。1529 年沃尔西倒台之后，红衣主教学院由对人文主义有着浓厚的兴趣，并大力支持人文主义新学发展的君主亨利八世亲自接管，改名为三一学院。由王室资助，每年为神学、人文学科教授席位各提供 26 磅 13 先令 4 便士的薪水，以保障教学的顺利进行。[②]

最后，人文主义者积极编写、翻译具有人文主义思想的著作，推动非常设课程的教学。文艺复兴时期英国人文主义者不仅从国外带回大量古典著作以及当时在欧洲大陆盛行的人文主义著作，而且翻译、撰写大量著作。据统计，“1576—1640 年，英国平均每年出版 200 册图书，总计

---

① James McConica, *The Collegiate University*, Oxford: Clarendon Press, 1986, p. 338.

② Ibid.

300000 册"。[①] 人文主义书籍因此盛行起来。如 1577 年，一名牛津学生去世时留下的书籍包括亚里士多德的《逻辑学》、约翰·西顿对亚里士多德《辩证法》的评注以及其他评注，包括梅兰克顿的《修辞学》《论灵魂》的评注，以及发贝尔对亚里士多德《物理学》的评注，也有伊拉斯谟、托马斯·埃利奥特、罗杰·阿斯堪和其他人文主义者的作品。[②] 可见，16 世纪大学生要获得人文主义书籍已经不是一件很难的事情。学生只需花费少量的钱就可以买到人文主义书籍。如 1517 年、1518 年、1519 年牛津印刷的小四开本书，每本价格不到 1 先令，销量很好。仅在 1520 年，书商多勒（Dorne）卖了 30 本维吉尔的书和 44 本特伦斯的书，此外还有奥维德、卢卡、荷马和普鲁塔克等古典学者的大量书籍。[③] 大量人文主义著作问世的一个直接后果是学生可以通过购买书籍，以自己阅读的方式接受非常设课程的教育，促进非常设课程的教学。近代早期相当一部分不准备拿学位证的贵族子弟采取这种方式学习。如布莱恩·泰恩（Brian Twyne）爵士回忆，当他在牛津大学基督圣体学院学习时，曾经写信给父亲，希望父亲给他寄老师要求他购买的一些书籍过去。[④] 人文主义著作推动着近代早期英国大学非常设课程教学的发展。

人文主义者编撰人文主义书籍、在大学设立人文主义讲师席位、讲授人主义新学，动摇了传统课程在大学中的地位，增添了人文主义新学问的吸引力，也拓展了大学课程的内容，推动大学课程发生了实质性的变化。

三 大学课程变革的影响

大学课程变革带来大学教学内容的民族化。近代早期是英国民族国家兴起的重要时期。教育作为传播民族文化、增强民族凝聚力、推动民族国

---

① J. A. Sharpe, *Early Modern England: A Social History 1550 – 1760*, London: Edward Arnold, 1987, p. 254.

② Mark H. Curtis, *Oxford and Cambridge in Ttransition, 1558 – 1642: An Essay on Changing Relations between the English Universities and English Society*, London: Oxford University Press, 1959, p. 100.

③ James McConica, *The Collegiate University*, Oxford: Clarendon Press, 1986, p. 467.

④ Mark H. Curtis, *Oxford and Cambridge in Ttransition, 1558 – 1642: An Essay on Changing Relations between the English Universities and English Society*, London: Oxford University Press, 1959, p. 108.

家形成的重要途径，也显示出明显的民族性特征。中世纪英国大学是基督教世界教育机构的一部分，是非英国化的。但到近代早期英国大学教育出现了英国化趋势。英国大学逐渐摆脱了“欧洲化”状态，成为“英国化”大学。

（一）大学教学语言民族化

中世纪英国没有自己的民族语言，官方语言是法语和拉丁语。诺曼征服以后，法国贵族入主英国，法语作为征服者的语言，成为英国贵族争相模仿、学习、使用的对象，被视为英国的“宫廷语言”。① 不仅如此，英国国会、法庭也必须使用法语。拉丁语是英国学术界通用的语言。而英语仅仅作为方言，作为中下层民众的生活用语存在。兰开斯特王朝时期学者曾尝试着用英语写作，英语开始作为学术语言出现，但还没有成为教学语言。

近代早期英语作为英国的民族语言逐渐取得主导性地位，上升为英国的官方语言。英语不仅是民众表达情感、从事人际交往的重要工具，也成为人文主义者撰文写作的主要文字。随着地位的提高，英语成为大学教学中使用的主要语言。大学要求学生广泛阅读时人的英语版著作，包括从拉丁语翻译成英语的作品，也包括大量用英语撰写的著作。如霍尔滋沃斯向学生推荐的书籍既有乔治·桑迪翻译成英语的古罗马诗人奥维德的《变形记》，也有莫尔和伊拉斯谟等作者用英语所著书籍。② 为了推广英语教学，发展民族语言，格雷沙姆学院甚至要求学院所有科目都用英语讲授。③

英语成为大学教学语言与人文主义者的推动有着密切的关系。人文主义者强调英语的重要性，在推动英语语言地位上升方面发挥了重要作用。相比典雅的拉丁语、高贵的法语而言，近代早期英语还很不成熟，表达力不强，具有不流畅（uneloquent）、不恰当（inadequate）、不准确（mis-

---

① Alessandra Petrina, *Cultural Politics in Fifteenth-Century England——The Case of Humphrey, Duke of Gloucester*, Brill: Leiden, 2004, p. 82.

② Mark H. Curtis, *Oxford and Cambridge in Ttransition, 1558 – 1642: An Essay on Changing Relations between the English Universities and English Society*, London: Oxford University Press, 1959, p. 134.

③ Joan Simon, *Education and Society in Tudor England*, Cambridge & New York: Cambridge University Press, 1966, p. 389.

spelled）等特征。[①] 人文主义者坚决捍卫民族语言的发展，坚持认为英语不仅可以用于日常交流，也可以像拉丁语、法语等语言一样，用于政治生活与学术领域之中。早期人文主义者安德鲁·博德（Andrew Borde）认为尽管英语有许多需要改进的地方，但它仍然是学习法语、意大利语等高贵语言的基础，不容忽视。[②] 埃利奥特爵士立场更坚定地捍卫英语的地位：希腊人是用希腊语写作的，罗马人是用拉丁语写作的，阿维森纳和其他阿拉伯人是用阿拉伯语写作的，他们都是用本民族的语言著书立说，英国人为什么不能用自己的民族语言写作?[③] 著名的人文主义教师理查德·马尔卡斯特也捍卫用英语说话和书写的权利：英语能保证语言所需的艺术能力和教学质量，可以作为教学语言。[④]

正是从民族情感出发，人文主义者提倡用英语教学，并通过借用外来词汇、创造新词汇等方式极大地丰富英语词汇及其所表达的内涵，并积极用英语表达自己的政治思想，用英语撰写政论文，或是将拉丁语、希腊语，甚至是法语、意大利语著述的作品翻译成英语。埃利奥特爵士的《统治者必读》是第一本用英语写作的政治教育论著，出于对民族文化的热爱，他将英语学习视为人文主义教育计划的重要组成部分，并将自己熟悉的每一位古典作家，无论是拉丁语作家还是希腊语作家的作品中的名言警句翻译成英语，也将希腊、罗马，甚至中世纪阿拉伯的著名医学家希波克拉底、盖伦、阿维森纳等人的作品翻译成英语。[⑤] 罗杰·阿斯堪也强调英语学习的重要性，其著名的“互译法”就是采用英语与拉丁语的双向翻译，将英语引入到课堂教学之中。为了发展民族语言，阿斯堪也用本民族语言著《射箭》，献给那些不识拉丁语的贵族。[⑥] 近代早期这类英文著作大量出现，不仅扩大、丰富了英语的词汇量，而且理顺、完善了英语的

---

① Richard Foster Jones, *The Triumph of the English Language: A Survey of Opinions Concerning the Vernacular from the Introduction of Printing to the Restoration*, London: Oxford University Press, 1966, pp. 3, 68, 142.

② Ibid., p. 13.

③ Thomas Elyot, *The Boke Named the Governour*, London: J. M. Dent Co, 1907, p. XIII.

④ 参见［美］加兰·坎农《英语史》，尹敬勋译，中国对外翻译出版公司1987年版，第176页。

⑤ Thomas Elyot, *The Boke Named the Governour*, London: J. M. Dent Co, 1907, p. XIV.

⑥ Richard Foster Jones, *The Triumph of the English Language: A Survey of Opinions Concerning the Vernacular from the Introduction of Printing to the Restoration*, London: Oxford University Press, 1966, p. 14.

语法结构，推动英语成为能与古典希腊语、拉丁语以及当时欧洲盛行的法语、意大利语等语种相媲美的文学语言。追求民族语言本身就暗含了对本民族的认同以及与其他民族的区别。人文主义者大量出版英文著作，宣扬"英语优势"，激发了英国人学习民族语言的兴趣，增强了人们的民族意识。

（二）大学教学内容英国化

近代早期英国大学依据国家发展需要安排教学内容，满足对外扩张之需。这一时期的大学不仅讲授文艺复兴运动时期欧洲各大学讲授的古典历史、拉丁语、希腊语、天文学等人文学科，而且还讲授英国"现代"史、"现代"语、地理学、宇宙学、航海学等实用知识。

大学强调"现代"史的重要性。"现代"史指当时英国人所著的历史。历史一直是近代早期大学教学的重要内容，但早期的历史教学重视的是古典时代的历史，而十六七世纪历史教学更重视当时的历史。如霍尔滋沃斯（Holdsworth）推荐学生阅读七本历史书，其中有四本讲述的是英国历史。这四本书是英国历史学家威廉·坎登（William Camden，1551—1623年）的《残稿》，斯比德（Speed）的《大不列颠史》（1611年），马丁（Martyn）的《英国二十位君主的历史与生活》（1615年），丹尼尔（Daniel）的《文集》（1636年）。另外三本是富勒（Fuller）的《圣战》（1639年）、埃德蒙·利（Edward Leigh）的《十二位独裁者》（1635年），以及讲述特洛伊战争的《克里特岛的狄克提斯》。这七本历史书只有最后一本是写于古代的著作，其他六本都是当时人所写。① 这些著作从宗教意识的板块中分裂出来，带着民族情感，从世俗的角度考察英国历史。如坎登怀着对祖国的无比热爱，考察英国各地之后著《残稿》。该书记录了当时英国的地理环境、风土人情、建筑风格、商业交通、文化教育、政治制度等，是英国历史学方面的一部重要作品。这些"现代"史告诉年轻绅士有关自己国家的过去与现在，让他们熟悉本国文化传统，这对他们今后从政或经商都是非常有用的。② "现代"史教学成为近代早期历史教学的一个显著特征。

① Mark H. Curtis, *Oxford and Cambridge in Ttransition, 1558 - 1642: An Essay on Changing Relations between the English Universities and English Society*, London: Oxford University Press, 1959, p. 132.

② Ibid.

大学增加了“现代”语的教学。“现代”语指时人在生活中涉及的语言，包括法语、德语、意大利语、阿拉伯语等语种。“伊丽莎白即位以后，现代语言知识日益成为希望任职于国家内政外交事务中的英国人必须具备的才能。”① 16世纪早期，擅长用昆体良、西塞罗式修辞学以拉丁语演说的人在竞选政治职位时会优于其他候选人。但宗教改革后，英国与罗马断绝关系，拉丁语在英国政治生活中的地位下降。与此同时，随着英国与欧洲大陆国家之间的国际事务、国际贸易日益频繁，各国语言得以普遍运用。如意大利语是英国商人与地中海东部地区进行贸易时必须使用的语言。阿拉伯语也是英国人进行东方贸易时必须通晓的语言。与此相似，法语、德语、西班牙语在当时政治、经济生活中也有着特殊的作用。为了适应社会发展需要，牛津、剑桥大学开始讲授法语、意大利语、阿拉伯语等各种“现代”语言。授课教师大多是在欧洲大陆受宗教迫害的人。这些外籍教师的到来提高了牛津、剑桥大学外语教学的水平。

大学也增加了数学、地理学、宇宙学、航海技术等实用知识的教育，满足国家对外扩张之需。伊丽莎白统治时期，英国参与海上争霸与海外殖民活动，王室、政府官员，甚至一些大商人因此对与航海、地理、绘图等技能有关的数学、天文学知识产生了浓厚的兴趣。近代早期英国无论是在战舰还是在商船上都聘请了大量精通数学、地理、航海等实用知识的人。如理查德·艾克鲁特（Richard Hakluyt，1552—1616年，英国地理学家与历史学家）被聘为牛津大学首位地理学教授。他授课时带去了“最新的地图、地球仪和其他工具”。② 他们在大学传播最新的地理知识，并将当时流行的地理学著作纳入大学授课的范围。约翰·威尔金斯（John Wilkins）发现在剑桥大学既有时间也有机会研究新的理论和思想。③ 和地理学一样，有利于英国国力增强的其他实用知识也走进了大学课堂。在格雷沙姆学院，自然科学研究呈现新现象。天文学教授负责讲授天体行星运

---

① Mark H. Curtis, *Oxford and Cambridge in Ttransition, 1558 – 1642: An Essay on Changing Relations between the English Universities and English Society*, London: Oxford University Press, 1959, p. 137.

② Joan Simon, *Education and Society in Tudor England*, Cambridge & New York: Cambridge University Press, 1966, p. 387.

③ Mark H. Curtis, *Oxford and Cambridge in Ttransition, 1558 – 1642: An Essay on Changing Relations between the English Universities and English Society*, London: Oxford University Press, 1959, p. 143.

行的理论，解释常用仪器的运用技巧，并结合地理、航海知识进一步讲授海员该如何运用这一知识。而地理学教授则在第一学期讲授数学，第二学期讲授理论几何学，第三学期讲授实践几何学。[①] 地理、航海等知识已经构成绅士教育的重要组成部分。

民族化是大学教育现代化的一个重要维度。近代早期英国大学教育从“欧洲化”到“英国化”的转变，推动着大学教育的民族化进程，是大学教育由传统向现代嬗变的重要表征。这一时期的大学并不是我们通常所理解的只是沉溺于研读经典文本或形而上学哲学的“象牙塔”。相反，大学也对当时社会发展需求作出了应有的反应，从国家发展的需要出发安排教学内容，传授那个时代已经发现或正在探索的系统知识，使教育日益与英国政治、经济、文化、社会生活现状相符合。这对弘扬英国的民族文化、培养英国人的民族意识、推动英国民族国家的兴起有着不可忽视的作用。

人文主义新学在大学里的出现是近代早期英国大学教育中出现的新现象，也是这一时期大学教育的一个重要特征。但人文主义新学并不是大学教育的全部，经院主义教学内容在大学中依然存在而且占有非常重要的地位。“亚里士多德哲学比以前获得了更大的发展。数学也像形而上学哲学一样，只是自然哲学的一部分，没有独立出来。”[②] 人文主义运动在英国蓬勃发展的时期，人文主义新学在大学里的出现使这一时期的大学教育具有典型的文艺复兴时期文化的特征，教育内容由弥漫着宗教性的知识转向具有世俗性的知识，由欧洲化知识转向民族化知识。这是近代早期英国大学教育发展的一个重要标志。有学者因此将近代早期的大学称为“新大学”。[③] 但随着伊丽莎白女王统治下英国国力增强，海外探险、殖民扩张等活动推动着英国社会需要地理学、天文学、数学、航海、造船等具有实用价值的知识，这一时期人文主义新学虽然对此作出了必要的反应，但还不足以满足时代发展的需要，受到激进主义者的抨击。如汉弗莱·吉尔伯特（Humphrey Gilbert）爵士认为在大学里没有适合绅士学习的知识，建

---

① Joan Simon, *Education and Society in Tudor England*, Cambridge & New York: Cambridge University Press, 1966, p. 388.

② Ibid., p. 358.

③ Lawrence Stone, *Oxford and Cambridge from the 14th to the Early 19th Century*, London: Oxford University Press, 1975, p. 152.

议建立一所新学院——伊丽莎白女王学院，为贵族子弟提供适应社会需要的教育。[①] 因此，从总体上说，近代早期英国大学教育内容依然具有一定的保守性，但人文主义新学逐渐取代经院主义学科的传统地位成为大学知识生活的主流，其进步性也不容忽视。人文主义新学正推动着大学教学内容从传统向现代的嬗变，推动着大学教学内容的世俗化、民族化进程。

第三节 人文主义与大学管辖权的转移

一 从教会到王室——大学管辖权的转移

大学管辖权是教会或王室宏观管理大学事务的权力。中世纪大学由教会建立，大学是教会机构的一部分，因此，大学的管辖权属于教会。人文主义者重新界定教育的目标，强调教育应该培养世俗社会需要的人才，将教育视为解决社会问题的关键因素。人文主义者对教育功能的阐释直接推动着近代早期君主日益重视大学教育，逐渐加强了对大学的管辖。近代早期教育的管辖权逐渐从教会向王室转移。

（一）中世纪教会对牛津、剑桥大学的管辖权

中世纪英国大学原本是由教师组织起来的行会（universitates magistrorum），但随着学生人数逐渐增加，12 世纪末 13 世纪初，牛津、剑桥的教师行会逐渐形成“由教师或学者传授高深学问或进行研究活动的学术机构：studia generalia，即现在意义上的大学。当时的 studia generalia 包括三层含义：一是吸引或至少邀请来自所有国家和地区，而不是某一特定地区学生前来学习的学校；二是高等教育场所，至少设有神学、法学或医学学部中某一学部，开设相应的课程；三是这些课程不是由个别学者，而是由许多教师集体开设的”。[②]

早期的牛津大学与剑桥大学是一个自治机构。校长主持由正式教师（regent masters）组成的教职员全体会议和由正式教师与部分非正式教师（non-regents masters）组成的大学评议会。评议会是大学的最高机构，负责颁布大学规章，决定授课的时间、内容、获得学位的要求，并监管大学组织生活，对涉及大学师生共同利益的任何事情都有权干涉。教职员全

① Humphrey Gilbert, *Queen Elizabeth's Academy*, Boston, U. S.: Dutton & Co., 1869, p. 1.

② 黄福涛：《外国高等教育史》，上海教育出版社 2003 年版，第 56 页。

体会议负责管理大学，选举、任命学监、仪仗官等大学管理人员。[①] 学监是大学的高层管理人员，牛津大学、剑桥大学各有 2 名学监，任职 1 年，由教职员全体会议选举、任命，执行教职员全体会议的决议，负责管理大学日常事务，享有广泛的权力。如他们控制学习课程、学术实践、授予学位、负责大学后勤供应等。[②] 仪仗官和学监一样，也是大学最古老的官职之一，最早可追溯到 1250 年。他们在大学举行典礼时，捧持礼仗出席，但其功能并非完全是礼仪性的。依据伊丽莎白规章规定，仪仗官也执行校长命令，参与大学日常事务的管理。[③] 中世纪后期，当校长不在学校时，教职员全体会议也有权选举、任命校长助理或副校长，代替校长处理大学日常事务。可见，大学内部管理机构的负责人由教师选举并由教师担任，教师享有相当广泛的权利。就大学本身而言，大学享有自治权，包括有自己的规章、免税权、批准和选任大学官员，以及控制人员编制的权利、有权审查和发放各种证书和学位。此外，教师行会享有司法权，对违犯法律的学者和学生进行处理，不受所在地司法当局的干涉。[④]

牛津大学、剑桥大学的自治理想与实践在很大程度上受宗教职权的干涉。中世纪大学的自治权是有限的，大学的管辖权在于教会。这主要体现在三个方面。

首先，教会享有任命大学校长的权力。中世纪牛津大学、剑桥大学校长的产生首先要由正式教师选举，经大学推荐，由主教正式任命。如依据 1313 年牛津大学规章规定校长选举程序是，首先审查候选人的选举资格，只有具有神学和教会法博士学位的人，才有资格成为校长候选人。然后由 2 名学监和 8 名正式教师代表组成的委员会以无记名投票方式进行选举，并将选举结果呈递主教批准，才能正式任职。[⑤] 在剑桥大学，校长的任命

---

① James McConica, *The Collegiate University*, Oxford: Clarendon Press, 1986, p. 118.

② Mark H. Curtis, *Oxford and Cambridge in Ttransition, 1558 – 1642: An Essay on Changing Relations between the English Universities and English Society*, London: Oxford University Press, 1959, pp. 18 – 19.

③ Frank Stubbings, *Bedder, Bulldogs, and Bedells: A Cambridge Glossary*, Cambridge: Cambridge University Press, 1995, p. 42.

④ Alan B. Cobban, *English University Life in the Middle Age*, London: UCL Press, 1999, pp. 215 – 216.

⑤ Alan B. Cobban, *The Medieval English Universities: Oxford and Cambridge to c. 1500*, Berkeley-Los Angeles &London: University of California Press, 1988, pp. 72 – 73.

程序与牛津大学的大同小异，1250 年剑桥大学规章规定校长选举经所有正式教师代表或绝大多数正式教师代表直接投票，报主教批准。[①] 大学可以提名校长候选人，但只有主教有权决定是否批准候选人。通过享有校长任命权，教会对大学施加影响。这种影响直到中世纪后期才消除。牛津大学到 1370 年，剑桥大学到 1401 年，任命大学校长才无须主教批准。[②]

其次，教会拥有对大学的司法审判权。依据教会法规定，教职人士免受世俗法庭管辖，一旦犯有过失，只能由教会法庭审理。[③] 中世纪大学师生具有教士身份，因此要受教会法庭的约束。此外，牛津大学、剑桥大学分别作为林肯主教区和伊里主教区中教会的附属机构存在，要受所在主教区主教司法权和坎特伯雷大主教的大主教司法权的约束。直到 1433 年，教皇尤金四世颁布敕令，剑桥大学最终获得主教和大主教司法豁免权。1479 年塞克图斯四世颁布敕令，牛津大学最终获得主教和大主教司法豁免权。[④]

最后，教会具有视察大学的权力。1280 年，萨顿（Sutton）任林肯主教，试图视察大学，以便加强教会对大学的思想控制。但主教视察大学遭到大学的抵制与反对，大学认为视察权应该属于校长，而不是主教。此后，大学与教会之间围绕大学视察权问题一直争论不休。到 1396 年托马斯·阿伦德尔（Thomas Arundel）任坎特伯雷大主教，要求对大学进行全面的视察，以便消除威克里夫宗教改革的影响。1397 年，国王宣称大学的视察权属于坎特伯雷大主教，正式确认了教会对大学视察的权力。[⑤] 1401 年，阿伦德尔以私人身份视察大学，发现部分教师存在威克里夫宗教思想的倾向，认为应该由教会对大学进行官方视察。1407 年，他选派两个代表团，每个代表团 12 名成员，分别视察牛津大学和剑桥大学。1411 年在牛津大学搜查出 267 册异端邪说的书籍，并迫使 5 名大学官员宣誓放弃威克里夫派的异端邪说。[⑥] 通过视察大学，教会维护了正统思想的权威性。

---

① Alan B. Cobban, *The Medieval English Universities: Oxford and Cambridge to c. 1500*, Berkeley-Los Angeles &London: University of California Press, 1988, p. 73.

② Ibid., p. 65.

③ 参见刘城《英国中世纪教会研究》，首都师范大学出版社 1996 年版，第 166 页。

④ Alan B. Cobban, *English University Life in the Middle Age.*, London: UCL Press, 1999, p. 214.

⑤ Alan B. Cobban, *The Medieval English Universities: Oxford and Cambridge to c. 1500*, Berkeley-Los Angeles &London: University of California Press, 1988, p. 284.

⑥ Ibid., p. 286.

可见，中世纪教会享有对大学的管辖权，大学作为教会的一个附属机构存在。但教会的司法裁判权、对大学校长的任命权以及视察大学的权力，都属于对大学进行宏观监督。教会并没有过多地干涉大学的日常管理，大学仍享有一定的自治权。

中世纪大学主要作为宗教机构存在，但牛津大学、剑桥大学也从王室获得一些特权，在一定程度上也受王室的约束。如从亨利三世统治时期开始，校长从君主手中获得民法和刑法裁判权，并领有一系列的特许状。[①] 通过获得这些特权，校长有权参加发生在学生之间、学生与市民之间的民事诉讼，也获得除由国王法庭审理的杀人、放火、抢劫、偷盗等重罪以及叛逆罪之外的所有刑事案件的审判权。[②] 以及监管市场，检查面包、啤酒的质量和规格，学生使用学堂、租赁住所等的特许权。[③] 可见校长不仅是教皇的高级官员，也是君主的高级官员。中世纪大学的发展与繁荣也离不开君主的支持。

这样，中世纪牛津大学、剑桥大学虽然享有一定的自治权，但仍然受教俗权力的约束，主要是受教权的约束。到中世纪后期，随着王权的逐渐增强，教会影响力渐次下降，大学的管辖权由教会向君主、王室转移。这一点在大学校长任命的问题上表现得较为明显。中世纪大学校长主要是由教会任命的神学、教会法博士，任期两年。如 1322 年牛津大学规章规定大学校长任期两年，1337 年剑桥大学规章规定的任期大致相同。[④] 但 15 世纪下半叶，两所大学开始选举非驻地高级官员任校长。校长不必驻跸大学，而且任期是终身的。出任校长之职的往往是教俗界的高级官员。第一任非驻地校长乔治·内维尔（George Neville）先后任埃塞特郡主教、坎特伯雷大主教和英国的大法官兼上议院议长，他在 1463—1472 年任牛津大学校长。约翰·拉塞尔（John Russell）先后任大法官兼上议院议长、林肯主教，1483 年当选为牛津大学校长，终身任此职。剑桥大学第一任非

---

① Alan B. Cobban, *The Medieval English Universities: Oxford and Cambridge to c. 1500*, Berkeley-Los Angeles &London: University of California Press, 1988, p. 69.

② Mark H. Curtis, *Oxford and Cambridge in Ttransition, 1558 – 1642: An Essay on Changing Relations between the English Universities and English Society*, London: Oxford University Press, 1959, p. 20.

③ Ibid., p. 21.

④ Alan B. Cobban, *The Medieval English Universities: Oxford and Cambridge to c. 1500*, Berkeley-Los Angeles &London: University of California Press, 1988, p. 73.

驻地校长托马斯·罗瑟拉姆（Thomas Rotherham）曾先后任林肯主教、约克大主教，在宫廷任枢密院大臣和大法官兼上议院议长。剑桥大学另一名有影响的校长约翰·费希尔（John Fisher）是罗彻斯特主教，1504 年当选为校长后任职终身。[①] 政治影响力对校长任职的影响，以及任职终身制，突出了王室对大学的影响力日益增加。

（二）近代早期英国王室对牛津大学、剑桥大学的管辖权

亨利八世的宗教改革摧毁了罗马教皇在英国的权威，也完成了英国大学管辖权从教会到王室的转化。这主要表现在，宗教改革前牛津大学与剑桥大学和教会的其他机构一样，首先要效忠于教皇，其次才服从于君主的权威。而宗教改革以后，随着英国断绝了与罗马教皇的关系，大学应忠于君主、忠于国家。

宗教改革期间，英国颁布了系列法案，逐步确立了君主、国家对大学的管辖权。1532 年，国会通过了《教士顺从法案》。该法案规定，“教士未得到国王许可不得制定新的律令、法规和条例；现存教会法律的文本必须由国王所挑选的 32 人委员会（僧俗各半）修订；委员会多数所认可的法律，必须得到国王同意才能生效”。[②] 1533 年，国会又通过《上诉法案》。《上诉法案》宣称，“英国是一个统一的帝国，处于唯一的首脑国王的统治之下；所有臣民，不论僧俗，都必须服从国王。教会司法权和世俗司法权都源于国王，所有案件必须在没有任何外来干预的情况下，通过国内相应的法庭审理，不得也无需上诉罗马法庭；下级宗教法庭的上诉案件由大主教法庭审理，有关国王的案件由英国宗教法庭审理或上诉议会上院，教皇无权干涉”。[③] 这项法案剥夺了教廷对大学的司法审判权，承认王室对大学享有至高无上的权力。该法案颁布以后，大学的法庭诉讼案件，应该“立即呈报给国王陛下……或最高民事法庭”，不再呈给罗马主教辖区。[④] 为了进一步加强君主、国家对大学的管

---

① Mark H. Curtis, *Oxford and Cambridge in Ttransition, 1558 – 1642: An Essay on Changing Relations between the English Universities and English Society*, London: Oxford University Press, 1959, p. 23.

② 蒋孟引：《英国史》，中国社会科学出版社 1988 年版，第 300 页。

③ 徐煜：《英国宗教改革与大学教育的变化》，《广西社会科学》2004 年第 6 期。

④ Mark H. Curtis, *Oxford and Cambridge in Ttransition, 1558 – 1642: An Essay on Changing Relations between the English Universities and English Society*, London: Oxford University Press, 1959, p. 23.

辖权，1535 年国会又通过了《国会法案》。《国会法案》宣称，对大学和其他地方的视察权属于“国王陛下和他的后嗣、继承人，及君主、国会授权的政府官员”。[①] 国会颁布的系列法案推动并确保大学管辖权从教会转移到君主、国家手中。

大学管辖权从教会向君主转移的明显表征是，宗教改革后，英国君主拥有了对大学的视察权。大学视察权是指君主或君主选派的官员、代表有权视察大学，并依据国家和社会发展需要对大学教育的内容、管理等作出安排。因此，视察权是君主拥有大学管辖权的重要标志。伊丽莎白女王本人曾两度视察牛津大学（1566 年、1592 年），也曾视察剑桥大学（1564 年），并于 1559 年派王室视察团对大学进行全面视察。此后，王室对牛津大学、剑桥大学的政治控制分别由校长达德利和塞西尔负责，但也任命了各学院视察员，对大学进行管理。如在牛津大学，女王本人是基督教堂学院的视察员；坎特伯雷大主教是众灵学院、默顿学院的视察员；约克大主教是女王学院的视察员；温彻斯特大主教是新学院、基督圣体学院、莫德林学院和三一学院的视察员；林肯主教是奥里尔学院、林肯学院、布雷奇诺斯学院的视察员；埃克塞特主教是埃克塞特学院的视察员；彭布鲁克伯爵是耶稣学院视察员。大学校长有权视察各学院，也兼任大学学院视察员；贝利奥尔学院和圣·约翰学院的地位有点特别。贝利奥尔学院的研究员有权选举他们自己的视察员，但实际上，1637—1643 年大主教劳德（Laud）任该学院的视察员。温彻斯特主教为圣·约翰学院的视察员，但 1566 年新规章颁布任命威廉·罗帕（William Roper）和威廉·科德尔（William Cordell）先后为该学院的视察员。[②] 学院视察员有权解释大学规章，颁布政令，剥夺学院领导或研究员的职位，解决大学成员之间的争端，对学院实施正式视察，调查世俗事务、宗教事务的执行情况。通过视察，王室加强了对大学的控制与监管。到伊丽莎白时期，牛津大学、剑桥大学受君主、国家管辖已经达到前所未有的程度。[③]

---

① Mark H. Curtis, *Oxford and Cambridge in Ttransition, 1558 – 1642: An Essay on Changing Relations between the English Universities and English Society*, London: Oxford University Press, 1959, p. 23.

② James McConica, *The Collegiate University*, Oxford: Clarendon Press, 1986, p. 404.

③ Ibid., p. 149.

二　人文主义与大学管辖权的转移

中世纪以来，大学一直作为教会的附属机构存在，但宗教改革时期，英国大学既没有继续作为宗教性机构存在，也没有像其他宗教机构，如修道院、礼拜堂那样，随着宗教改革的进行而消亡，而是从教会的附属机构转化为世俗机构的一部分，平稳地实现了大学管辖权的世俗化。近代早期英国大学管辖权的转移在很大程度上是人文主义运动在英国发展的产物。

人文主义者强调大学应该为国家和教会培养人才，这一教育目标为王室接管大学提供了思想基础。如具有人文主义思想并大力推动人文主义思想在大学中传播的红衣主教沃尔西（Wolsey）尤其强调大学应该为国家培养训练有素的外交家和管理人才，为此他在牛津大学建立了红衣主教学院。[①] 福克斯（Fox）为了增进“基督的荣耀”与“国家的利益”建立基督圣体学院[②]；玛丽女王执政时期，托马斯·怀特（Thomas White）爵士“为了我们国家的兴旺和公共福利，为了增进正统信仰和基督教，也为了至高无上的上帝的荣耀与尊贵”建立圣·约翰学院。[③] 宗教改革时期，人文主义者提倡大学为国家和教会培养人才的这一观念已经为社会普遍认可，君主因此试图将大学改造成服务于王室、国家与教会的机构。“我们总是畅想……将好的文化和课程传播于我们王国的每个角落，因为最好的政府与最好的管理孕育其中；因此……我们已经下定决心对年轻人要实行文化教育……可以说，教育是我们王国的基石与发展之源。”[④]

不仅如此，人文主义者还提出了适合英国社会发展需要的教育计划，为王室实现大学管辖提供了智力基础。王室实现对大学的管辖之后，如何才能实现为王室、国家、教会服务的理想？围绕这一问题，英国大学形成不同的派别，各派力量都希望借助宗教改革之风，按照自己的理想改革大学。经院主义者希望继续以宗教神学思想统领大学，而人文主义者希望按照人文主义路线改革大学。英国君主要么维护大学的现有秩序，要么直接支持改革。君主的选择将直接决定大学教学与学术发展的走向。人文主义

① James McConica, *The Collegiate University*, Oxford: Clarendon Press, 1986, p. 121.

② Lawrence Stone, *Oxford and Cambridge from the 14th to the Early 19th Century*, London: Oxford University Press, 1975, p. 155.

③ Ibid.

④ Joan Simon, “The Reformation and English Education”, *Past and Present*, No. 11, Apr. 1957.

者积极活动，推动君主作出有利于人文主义新学问发展的选择。人文主义者的努力主要表现在以下两个方面。

首先，人文主义者积极起草、制定大学规章，推动人文主义新学问的发展。1535 年有着良好的人文主义文化基础的国务大臣克伦威尔（Cromwell）率团视察两所大学，颁布敕令。从这份敕令中，我们可以发现人文主义者为大学管辖权从教会转移到王室作出的努力。敕令的内容涉及五个方面，（1）关于国王的地位问题：大学所有成员必须宣誓忠于君主。大学所有成员都应该承认君主、王室是教会的最高权威，不再尊崇罗马教皇为教会权威。大学教师也应该运用圣经，向学生灌输服从君主而不是服从罗马教皇的观念。（2）关于语言学习：敕令规定剑桥大学、牛津大学各学院必须免费提供拉丁语与希腊语教学。（3）关于神学知识：大学只讲授圣经，停止讲授中世纪神学家彼得·隆巴尔德（Lombard）的《箴言集》、邓斯·司各特（Duns Scotus）与其他神学家的作品。（4）关于法律知识：敕令要求关闭教会法学院，停止讲授教会法，停止授予教会法学位。（5）关于人文学知识：人文学部的学生必须学习逻辑学、修辞学、数学、地理、音乐和哲学。在哲学方面，除了学习亚里士多德的作品，还要学习北欧非常著名的人文主义者鲁道夫·阿格里科拉（Rudolphus Agricola）、菲利普·梅兰克顿（Melanchthon）、乔治·特拉比松（Trebizond）以及其他人文主义者的作品。学生将不再学邓斯·司各特、沃尔特·伯利（Walter Burley）等经院哲学家的作品。①

从克伦威尔颁布的敕令中我们可以发现以下三点：第一，敕令明确了希腊语、拉丁语在大学各学院中的地位。费希尔（Fisher）在剑桥大学圣·约翰学院、福克斯（Fox）在牛津大学基督圣体学院开设希腊语、拉丁语讲师席位，传授希腊语、拉丁语知识，但并非每个学院都开设这两门课程。克伦威尔敕令要求两所大学都开设这两门课，表明两种语言在大学中的地位已经被完全确立。第二，神学课程也发生了很大的改变。为了防止灌输教皇权力至高无上的观点，敕令要求停止讲授彼得·隆巴尔德（Lombard）的《箴言集》以及其他经院神学家，如托马斯·阿奎那、奥卡姆（Ockham）的威廉等欧洲著名思想家的作品。此举意在废除对经院

① F. Donald Logan, "The First Royal Visitation of the English Universities, 1535", *The English Historical Review*, Vol. 106, No. 421, Oct. 1991.

主义神学的系统研究。中世纪中后期的学术，沉思冥想的神学因此被废除，取而代之的是对圣经的学习。敕令提倡学生阅读圣经。第三，敕令取消教会法。取消教会法、取缔教会法学位是王室对教会享有最高权威的必然后果。教会法威胁王室至高无上的权威，既然大学承认君主是教会的最高首领，那么所有来自国外的法律、外国主教的法律都是无效的，都应该被禁止。同样，在哲学方面，也以人文主义作品取代经院主义哲学家邓斯·司各特、沃尔特·伯利与其他经院主义哲学家的作品。司各特、伯利等人是中世纪著名的经院哲学家，其作品一直非常流行。1520 年牛津书商约翰·多勒（John Dorne）一份销售书单显示，在售出的 40 本书中，“司各特的书有 15 本，伯利的书有 14 本”。①

一方面，敕令通过禁止讲授经院主义神学、要求大学师生宣誓忠于君主、承认君主是教会的最高首领，禁止讲授教会法、禁止授予教会法的学位等条款，确立了君主对大学的控制权。这是英国宗教改革的重要成果，也是宗教改革对大学管辖权从教会转移到王室发生的直接影响。另一方面，敕令要求学生学习希腊语、拉丁语、新哲学、修辞学等人文学科知识，以人文主义新学填补了大学管辖权转移后大学出现的知识真空。这是人文主义者在大学管辖权转移过程中努力的重要成果。正是在人文主义者的努力之下，英国确立了人文主义知识在大学课程中的地位。

其次，人文主义者监督大学规章的实施，促进大学管辖权的转移。1538 年，新教人文主义者坎默尔（Cranmer）认为克伦威尔颁布的敕令在大学没有被坚决执行，新学问没有得到很好的传播，于是向克伦威尔抱怨：敕令没有生效，学院负责人没有接受新学问。② 另一位新教人文主义者拉蒂默（Latimer）直接向克伦威尔建议，如果大学不仅仅是应付，就应该继续深化学院改革。如果教师没有很好地改变原有的立场、观点，以适应新情况，学院应该另请教师。克伦威尔接受了这一建议，规定凡不认真执行规章的教师、领导将被辞退。③ 这一措施无疑加强了君主、王室对大学的控制权，不久之后牛津大学毕业的约翰·帕金斯（John Parkins）

---

① F. Donald Logan, “The First Royal Visitation of the English Universities, 1535”, *The English Historical Review*, Vol. 106, No. 421, Oct. 1991.

② Joan Simon, *Education and Society in Tudor England*, Cambridge & New York: Cambridge University Press, 1966, p. 202.

③ Ibid.

将这一权力范围扩展到约束大学所有成员，不仅包括学院领导、教师，也包括学生。他呈给克伦威尔一份计划，建议由王室统一任命符合条件的获得奖学金资助的学生、教师、学院领导。正是从此开始，王室任命教师成为通常之事。①

三 大学管辖权转移的影响

大学管辖权的转移既加强了大学与王室的直接联系，也将大学从教会机构中独立出来，并推动着大学与英国社会其他机构的关系发生根本性变化。

（一）大学教育机构世俗化

大学管辖权转移推动大学逐渐从教会机构中独立出来，演变成一个独立的世俗机构。这主要表现在：都铎时期大学校长主要由世俗人士担任。在剑桥大学，亨利八世的重臣托马斯·克伦威尔（Thomas Cromwell）继约翰·费希尔（John Fisher）之后任剑桥大学校长（1535 年）。克伦威尔之后到 1558 年伊丽莎白女王即位，剑桥大学四位校长中有两人，即索美塞德郡公爵爱德华·西摩（Edward Seymour）和诺森伯兰郡公爵约翰·达德利（John Dudley）是世俗人士，而且他们也是王室重臣。伊丽莎白女王统治时期，威廉·塞西尔（William Cecil）爵士、埃塞克斯伯爵罗伯特·德弗罗（Robert Devereux）、罗伯特·塞西尔（Robert Cecil）爵士相继任校长，他们都是世俗人士和国内有影响的政治家。② 在伊丽莎白女王之后，英国大学选举世俗人士任校长已经成为习惯固定下来。牛津大学校长任命情况与剑桥大学大同小异。牛津大学首任世俗校长由世俗人士约翰·马森（John Mason）出任。玛丽女王执政时期，红衣主教雷金纳德·波尔（Reginald Pole）接替了马森的校长之职。波尔去世后马森复职，任期五年。1564 年他再度辞职。伊丽莎白的宠臣、兰开斯特郡伯爵罗伯特·达德利（Robert Dudley）接任校长之职，直到去世为止。此后托马斯·布罗姆利（Thomas Bromley）爵士、克里斯托弗·哈顿（Christopher

---

① Joan Simon, *Education and Society in Tudor England*, Cambridge & New York: Cambridge University Press, 1966, p. 202.

② Mark H. Curtis, *Oxford and Cambridge in Ttransition, 1558 – 1642 : An Essay on Changing Relations between the English Universities and English Society*, London: Oxford University Press, 1959, p. 29.

Hatton）爵士、大领主托马斯·萨克维尔（Thomas Sackville）相继任校长；整个伊丽莎白统治时期，牛津大学校长都是世俗人士。[①]

近代早期大学校长主要由世俗人士出任的原因主要在于，随着大学管辖权从教会转移到王室，对大学校长的任命权也相应转移到君主手中。君主可以依据自己的需要影响校长人选的任命。如英国大法官哈顿（Hatton）爵士1591年去世后，牛津大学校长职位出现空缺。埃塞克斯伯爵罗伯特（Robert）和大领主萨克维尔（Thomas Sackville）为了担任校长一职争执不下。最后，在女王的支持下，萨克维尔当选校长，直到1608年去世。[②] 君主直接影响大学校长的人选意味着教会对高等学府的控制逐渐减弱，大学日益从教会机构中独立出来，演变成为一个世俗机构。

但大学并没有因此割断与教会和神职人员之间的联系。从近代早期视察人员留下的学院规章和新学院建立者草拟的规章中可以看出，在两所大学中，大多数学院的宗教性特征依然存在。如前所示各学院视察员中，仍不乏重要的宗教人士。1559年伊丽莎白女王任命的王室视察员也有神职人员，如牛津大学的视察员中有一人是僧侣，剑桥大学的视察员中僧俗人员分别是五人、四人，教会人员超过了世俗人员，但视察团的核心成员是世俗人员，也就是，牛津大学、剑桥大学的校长约翰·马森（John Mason）爵士和威廉·塞西尔（William Cecil）爵士是世俗人员。[③] 这一事实说明了伊丽莎白女王虽然将宗教官员排除在国家核心地位之外，但仍在一定程度上保留了宗教事务的权威性。此外，虽然大学校长主要由世俗人员担任，但学院院长以及大多数领取奖学金的硕士生、博士生等重要成员仍然是宗教神职人员。随着近代早期学院在大学中的重要性和权力增加，学院院长与重要成员的地位越来越重要，这意味着神职人员仍主持着大学日常事务的管理。这无疑给时人造成一种错觉，认为大学仍然属于教会机构，掩盖了大学管辖权已经转移到王室的事实。

---

① Mark H. Curtis, *Oxford and Cambridge in Ttransition, 1558 – 1642: An Essay on Changing Relations between the English Universities and English Society*, London: Oxford University Press, 1959, p. 29.

② James McConica, *The Collegiate University*, Oxford: Clarendon Press, 1986, p. 401.

③ Mark H. Curtis, *Oxford and Cambridge in Ttransition, 1558 – 1642: An Essay on Changing Relations between the English Universities and English Society*, London: Oxford University Press, 1959, pp. 24 – 25.

（二）大学内部构成发生改变

大学管辖权的转移提高了学院在大学中的地位，改变了大学的内部构成。世俗学院的兴起是近代早期英国大学教育发展的一个显著特征。近代早期作为主要教学场所的学院通过以下三种方式迅速增加。第一，大学将大量小旅馆、学堂并入学院中使之成为学院建筑的一部分。如圣·托马斯学堂属于彭布鲁克学院；圣·伯纳德学堂和圣·玛丽学堂属于国王学院；杰勒德学堂、奥文学堂、圣·格雷戈里学堂、菲奇克学堂、圣·玛格丽特和圣·凯瑟琳学堂属于三一学院。① 第二，大学也拆毁了大量老学堂，并在原址上建立新的学院。如牛津大学从 1506—1546 年的 40 年间约有 20 所学堂遭破坏，代之而起的是布雷奇诺斯学院、基督圣体学院和基督教堂学院。② 第三，这一时期也新建了一些学院。牛津大学在 1500 年有 10 所学院，到亨利八世宗教改革时期新增了 3 所，16 世纪后期再次增加 3 所，17 世纪初又增加 2 所。这样，到 1640 年，牛津大学总共新增了 18 所学院。③ 剑桥大学也建立了 6 所学院。④ 经历了这些变化之后，到 16 世纪末世俗学院逐渐取代中世纪学堂，成为牛津大学、剑桥大学教学的主要场所。

大学管辖权的转移也改变了大学的内部关系，削弱了正式教师的权利，提高了学院领导的地位。中世纪教师是大学的主要管理群体，但近代早期，随着大学管辖权的转移，君主、王室对大学频繁干预，大学的内部组织发生了变化，大学权力逐渐转移到学院领导人的手中。依据 1570 年规章，剑桥大学设立由副校长和 5 位学院领导组成的指导委员会（the Caput）。指导委员会成员每年从学院领导、各学部博士、2 名学监和 2 名非正式教师代表等 15 人所组成的小组委员会中选出，而不是从正式教师选举的教职员全体会议成员中选出。15 人小组委员会中 5 名成员由副校长任命，5 人由 2 名学监中的一人任命。指导委员会拥有中世纪大学评议会

---

① Mark H. Curtis, *Oxford and Cambridge in Ttransition, 1558 - 1642: An Essay on Changing Relations between the English Universities and English Society*, London: Oxford University Press, 1959, p. 36.

② Ibid., p. 37.

③ James McConica, *The Collegiate University*, Oxford: Clarendon Press, 1986, p. 521.

④ Helen M. Jewell, *Education in Early Modern England*, New York: St. Martin's Press, Inc., 1998, p. 111.

的权力，有权批准评议会提交的所有法案。[①] 大学新机构是在清教运动背景下设立的，是王室维护国教的正统地位、加强保守主义的力量、防止新教教师削弱国教信仰的一种举措，但在客观上它降低了正式教师的权利，改变了学院的民主管理模式，提高了学院领导的地位，加强了一小群寡头者的权利。牛津大学清教徒对国教的冲击力稍微小一些，因此，对大学内部的改组相对迟一些。直到 1636 年劳德任校长时修订古代规章，设立由副校长、两名学监和学院其他领导人组成的管理委员会（the Hebdomadal Board）。像剑桥大学的指导委员会一样，管理委员会有权讨论大学任何事情，有权否决或通过教职员全体会议的决议，是大学最高行政机构。[②] 委员会每周一召开会议，商讨大学管理人员、教学、纪律或福利等问题，并提出处理意见。

（三）改变了大学与社会的关系

大学管辖权的转移也推动了牛津大学、剑桥大学与统治阶级建立密切的联系。王室打破教会对大学的垄断局面以后，大学向世俗人士开放。贵族、土地阶级、富有的专业人士和商人与中世纪的神职人员一样捐助大学教育。这一时期除了王室捐助建立牛津大学的基督教堂学院和剑桥大学的三一学院以外，托马斯·波普（Thomas Pope）爵士建立了牛津大学的三一学院；托马斯·怀特（Thomas White）爵士建立牛津大学的圣·约翰学院。托马斯·奥德利（Thomas Audley）爵士和巴伦·奥德利（Baron Audley）捐赠土地建立剑桥大学莫德林学院。伊丽莎白统治时期的政治家沃尔特·迈尔德梅（Walter Mildmay）建立伊曼纽尔学院；弗朗西丝·拉德克利夫（Frances Radcliffe）女士捐赠£ 5000 建立西特尼·苏撒斯学院；尼古拉斯·沃德姆（Nicholas Wadham）捐赠建立牛津大学的沃德姆学院。托马斯·博德利（Thomas Bodley）爵士以捐赠著名的图书馆荣耀于世。[③] 这一时期也有很多富有的商人、专业人士、朝臣、贵族等向学院捐赠资金支付教师薪水，给本科生发放奖学金，甚至捐赠冬天用于取暖的木柴和煤

---

① John Lawson& Harold Silver, *A Social History of Education in England*, London: Methuen &Co Ltd, 1973, p. 129.

② Ibid.

③ Mark H. Curtis, *Oxford and Cambridge in Ttransition, 1558 – 1642: An Essay on Changing Relations between the English Universities and English Society*, London: Oxford University Press, 1959, p. 48.

炭，支撑学院的发展。宗教改革以后高等教育的财政资助越来越多地转移到世俗人士的肩上。

与此同时，他们也将权力的触角延伸到大学，为自己的亲戚、朋友争取奖学金名额，甚至是大学领导的职位。奖学金最初是学院捐赠者为贫穷而有天赋的学生设置的，以资助他们完成本科教育和进行学术研究。但16世纪随着世俗权力的侵入，授予奖学金的标准发生变化，贫穷、有才能和勤奋学习不再是获得资助的依据。大量富家子弟、穷牧师、绅士之子因贵族、主教甚至朝臣的推荐获取奖学金，而穷人日益被剥夺了获得奖学金的资格。[①] 托马斯·怀特爵士建立圣·约翰学院，但他也是商人泰勒公会的主要成员。他为学院制定规章，计划招收50名公费生，但其中13个名额给"建立者亲属"及与学院有特殊关系的某些市镇，其余37人全部来自由商人泰勒公会建立的商人泰勒学校。[②]

世俗人士不仅越来越多地干涉学院奖学金的资助，也影响大学教师甚至是大学领导的任命。兰开斯特郡伯爵罗伯特·达德利（Robert Dudley）以校长身份频繁干涉大学事务，任命学院教师与院长。因为他，托马斯·金斯米尔（Thomas Kingsmill）、阿瑟·阿泰伊（Arthur Atye）和托马斯·史密斯（Thomas Smith）获得大学讲师席位；理查德·胡克（Richard Hooker）在达德利的推荐下成为希腊语的代理讲师；伯爵的支持让托马斯·库帕（Thomas Cooper）在1568年获得了副校长的职位；安东尼奥·科罗（Antonio Corro）获得讲师席位也要感谢伯爵。1561年伯爵也支持桑普森（Sampson）获得基督教堂学院的院长职务，他可能也支持了威廉·科尔（William Cole）获得基督圣体学院的院长职位。弗朗西斯·巴宾顿（Francis Babington）因他在1560年成为林肯学院的院长。1577年，他支持约翰·昂德希尔（John Underhill）成为林肯学院的院长。1572年威廉·詹姆斯（William James）被选为大学学院的教师，1584年被任命为基督教堂学院的院长，也是受达德利的庇护。马丁·卡佩珀（Martin Culpepper）也因为他的推荐在1573年成为新学院的院长。格罗斯特学堂的两名负责人托马斯·艾伦（Thomas Allen）和约翰·德

---

① Lawrence Stone, *Oxford and Cambridge from the14th to the Early19th Century*, London: Oxford University Press, 1975, p. 42.

② Ibid., p. 164.

拉贝（John Delaber）也是受伯爵庇护的人。[①] 罗伯特·达德利依据自己的需要，将亲信、门徒安插在大学的各个岗位，大学“所有任职人员，要么由他任命，要么与他希望的人选没有冲突”。[②] 达德利以此扩大自己在大学的权力。

像达德利一样，其他贵族、朝臣、官员和富有的商人、成功的专业人员也都利用自己的政治影响力以大学、学院捐赠人身份，在不同程度上影响大学官员、奖学金获得者的任命和选举。如波利特（Paulet）女士将她的侄子理查德·布朗特（Richard Blounte）推荐进入三一学院。约翰·彼得（John Petre）爵士宣称他作为捐赠人的后代有权干涉埃克塞特学院奖学金获得者的选举。诺里斯（Norris）领主和弗朗西斯·诺利斯（Francis Knollys）试图为清教领袖约翰·菲尔德（John Field）安排讲师席位。新教贵族亨利·黑斯廷斯（Henry Hastings）一直是莫德林学院的庇护人，已经送自己的两个弟弟到那里接受清教徒劳伦斯·汉弗莱（Laurence Humfrey）的教育。[③] 这样的事例，在近代早期世俗学院捐赠运动中，还有很多。大学管辖权的转移将世俗力量引进到大学。大学已经改变了中世纪作为教会机构，孤立于世俗社会的形象，日益受到世俗社会的影响，成为近代早期英国世俗人士庇护对象中的一部分。

大学管辖权的转移不仅改变了大学内部结构，也重新界定了国家与大学的关系，是大学发展史上的重要事件。牛津大学、剑桥大学管辖权从教会到国家的转移推动了大学教育的“英国化”进程。国家可以依据需要颁布大学规章、规定教学内容，大学教育成为英国化的大学教育。牛津大学、剑桥大学已经融入到英国社会结构组织中，成为“王国的眼睛”和“教会与王国……的摇篮和源泉”。[④]

通过本章的论述，我们可以发现，近代早期英国大学教育获得了相当程度的发展。这主要表现为：大学招收来自社会各阶层的学生，大学社会构成主体日益世俗化；人文主义新学取得了合法地位，成为与经院主义学

---

① James McConica, *The Collegiate University*, Oxford: Clarendon Press, 1986, pp. 428 – 429.

② Lawrence Stone, *Oxford and Cambridge from the14th to the Early19th Century*, London: Oxford University Press, 1975, p. 46.

③ James McConica, *The Collegiate University*, Oxford: Clarendon Press, 1986, p. 437.

④ Wilfrid Prest, "Legal Education of the Gentry at the Inns of Court, 1560 – 1640", *Past and Present*, No. 38, Dec. 1967.

科同等重要的学科，成为贵族、乡绅子弟追求的主要知识；宗教改革后，英国大学管辖权也由教会转入君主手中，大学由教会机构演变为世俗机构。近代早期英国大学教育出现了世俗化、民族化趋势，这是中世纪大学向现代大学过渡的重要标志。而大学教育的发展在很大程度上是人文主义运动在英国发展的产物。人文主义教育思想推动着贵族、平民子弟涌进大学，推动着大学社会构成主体的变化；人文主义者设立人文主义讲师席位、出任人文主义讲师之职，传授人文主义新学，编撰人文主义书籍与教材，积极推动着大学课程的改革。人文主义者也积极起草、制定大学规章，推动人文主义新学的发展，并监督大学规章的实施，促进大学管辖权的转移。近代早期英国大学教育的发展深深地刻上了人文主义思想的烙印。

第五章　大学人文主义教育的影响和意义

自古典时代以来，学者文人就有两种不同的治学取向，即“沉思的生活”与“行动的生活”。中世纪经院哲学家崇尚“沉思的生活”，认为学术应该疏离于政治。而近代早期的人文主义者崇尚“行动的生活”，认为学术应该运用于公共事务的管理之中。本文无意于评价这两种治学取向的优劣，而旨在考察、评价人文主义者的治学取向及实践。通过前文的论述，我们可以发现人文主义者带着强烈的社会责任感，从社会发展需求出发，提出了较为完备的教育思想，希望以此培养出未来的统治者和完美的绅士以及虔诚的教士。人文主义者有关教育的思想蕴含着以学术服务于政治的思想，体现着人文主义者的治学取向。不仅如此，人文主义者也践行着“行动的生活”的治学取向，他们将大学视为培养未来统治者与完美绅士的摇篮，推动着人文主义新学在大学的确立，推动近代早期英国大学教育发生变革。那么，人文主义者极力倡导、推行的人文主义教育在多大程度上践行了人文主义者的教育理想、推动着英国社会的发展呢？下文将对此进行探讨。

第一节　大学人文主义教育培养了“未来的统治者”

中世纪英国是一个典型的贵族社会，人们认为贵族在社会地位方面占有优势，在行政管理方面也应该占有优先地位。[①] 因此，贵族无须接受良

① J. A. Sharpe, *Early Modern England: A Social History 1550 – 1760*, London: Edward Arnold, 1987, p. 163.

好的教育，只需凭借继承关系、保护关系、委托关系等“先赋性”条件就能继承父辈的职业与社会地位，跻身政界。“一些大贵族并没有接受良好的教育，仍能在政府部门身居要职，享有很大的权力，如第三代诺福克郡公爵只接受过初等教育，诺森伯兰郡公爵只接受过文法学校的教育，他承认自己讲不好拉丁语，而第一代彭布鲁克郡伯爵也没有接受过古典文化的教育”。[①] 现存的大量信件也表明，中世纪许多贵族、乡绅不识字。

但近代早期英国民族国家日益形成，国家官僚体制不断发展，现代外交也逐渐形成，这些新变化对贵族任职提出了一定的文化要求。新的政府机构需要有洞察力与有文化的人。因此，新时期的政府官员需要“能够清晰思考，能分析情况，能够很快起草方案，熟悉法律专业术语、会讲外语”，需要“熟悉古典历史和现代历史，熟悉欧洲其他国家的体系和经济，因此总能对出现的问题提出观点”。[②] 这一时期，英国君主在任用官员时，从维护社会稳定的需要出发，仍然会考虑继承关系、保护关系、委托关系等“先赋性”因素，但也会根据实际需要，依据个人才能与素质等“自致性因素”任命廷臣、外交家、市镇议员等各级管理人员。一些有学识、受过良好教育的人因此跻身政府机构，并身居高位。亨利七世即位后将作为中央政府枢纽的谘议会完全置于自己控制之下。“他很少任用大贵族，大批起用中产阶级人士。在他的第一批咨议会大臣中，贵族只占极少数，像摩尔斯、福克斯、沃顿、布雷、罗维尔、波宁斯、恩普森、达德利等人都是出身骑士、律师或教士。以后进入咨议会的个别贵族，大多是从中产阶级中刚晋封的新贵族”。[③] 良好的教育直接影响着贵族在国家政治生活中的地位。正如亨利七世的宠臣埃德蒙·达德利在《国家之树》中所言，贵族传统的优势地位正在被“贫寒卑贱之人的子弟”所侵占，这些人已经掌握了新的学问，开始得到“晋升和权力，而如果贵族的子女们称职的话，这些位置本来应该是他们的”。[④] 贵族要维护传统的政治优势，就需要接受良好的文化教育。因此，英国政府机构，无论是中央政

---

① Michael A. R. Graves, *The House of Lords in the Parliaments of Edward Ⅵ and Mary Ⅰ*, Cambridge: Cambridge University Press, 1981, p. 50.

② Lawrence Stone, *The Crisis of the Aristocracy 1558 – 1641*, London: Oxford University Press, 1980, p. 304.

③ 程汉大：《英国政治制度史》，中国社会科学出版社 1995 年版，第 147 页。

④ ［英］昆廷·斯金纳：《现代政治思想的基础》，求实出版社 1989 年版，第 256 页。

府还是地方政府机构中，接受过大学教育人员的比例明显增加。

国会是近代早期英国重要的权力机构。国会中，贵族接受大学教育的人数在增加。伊丽莎白女王统治时期，上过大学的下院议员的比例在1563—1642年逐年上升：1563年420名下院议员中110人曾在大学登记入学；1584年460名下院议员中，145人已经上过大学；到1593年，462名下院议员中161人；1642年，552名下院议员中276人接受过大学教育。接受过大学教育的下院议员比例分别为26%、32%、35%、50%。[①]

地方行政部门中接受过大学教育的人员也在增加。格利森（J. H. Gleason）对1562—1636年发展水平各不相同的6个郡中，治安法官（治安法官是当时英国郡一级的实际统治者，拥有广泛的行政权和司法权——本文作者注）的教育背景进行了考察。从下页表中可以了解到，1562年肯特郡2.27%的治安法官接受过大学教育，这一比例逐年上升，到1636年时达68.25%；在诺福克郡5.88%的治安法官接受过大学教育，到1636年时比例达67.30%；同样北安普敦郡的比例由5.88%上升到71.79%；索美塞德郡的比例由3.44%上升到54.90%；乌斯特郡的比例由5.26%上升到50.00%；约克郡北部地方行政区的比例由11.76%上升到48.71%。16世纪中叶，各郡治安法官中受大学教育人数不同，他们在治安法官中所占比例较低（6个郡平均水平4.89%），差别较大（如1562年肯特郡比例仅为2.27%，而文化素质较高的约克郡北部地方行政区高达11.76%），各郡治安法官的文化水平较低。但是半个世纪以后，随着大学生毕业生、肄业生流向社会，各郡治安法官受教育程度普遍得到提高。在这6个郡中，接受过大学教育的治安法官所占比例平均为61.65%。[②] 格利森的研究得到学者们的普遍认同，海伦在《近代早期英格兰的教育》、奥代在《1500—1800年英国的教育与社会》中也纷纷对格利森的研究成果加以引用，巴恩斯（Barnes）和斯通认为这一比例偏于保守。巴恩斯估计：1625—1640年，索美塞德郡108名治安法官和行政长官中，至少80人（约74%）受过大学或者是法律协会的教育。斯通甚至

① Rosemary O'Day, *Education and Society 1500 - 1800: The Social Foundations and Education in Early Modern England*, London: Longman Group Ltd, 1982, p. 95.

② Ibid., p. 97.

认为，至少有80%的治安法官和行政长官受过大学教育。[①] 史学家们的统计数据虽然稍有差异，但他们的基本观点却是不言而喻的：越来越多的毕业生流向政府机构，越来越多的治安法官和行政长官接受过大学教育。与中世纪相比，近代早期“统治者”的受教育程度已经大大提高。

1562—1636年治安法官中接受过大学教育人数比例[②]

时间	肯特郡（%）	诺福克郡（%）	北安普敦郡（%）	索美塞德郡（%）	乌斯特郡（%）	约克郡北部（%）	总计（%）
1562	2.27	5.88	5.88	3.44	5.26	11.76	4.89
1584	16.38	41.66	16.66	15.38	15.38	38.63	23.17
1608	40.26	59.61	18.91	35.55	20.58	56.25	40.51
1626	62.71	52.94	53.70	50.00	51.72	58.82	55.47
1636	68.25	67.30	71.79	54.90	50.00	48.71	61.65

接受过大学教育的人员在统治集团中所占比例日益增加，直接提升了“统治者”的政治素质。

首先，大学人文主义教育增强了“统治者”为君主、为国家效力的责任感与使命感。中世纪贵族有着强烈的地域观念而无国家观念，“大多数人首先认为自己是基督教徒，其次是某一地区如勃艮地或康沃尔的居民，只是最后如果实在要说的话——才是法兰西人或英吉利人”。[③] 与此相应，贵族往往以封臣的身份存在，他们要履行的责任在于对封君而不是君主的忠诚，君主的威信与权力受到很大的制约。但近代早期英国人文主义教育强调贵族应该承担起对国家、对君主的责任，这一观点受到社会普遍认可。时人甚至认为高贵的地位不仅仅是源于高贵的血统，更是对服务于国家的“光荣行为的回报”。[④] 一个拥有高贵血统的人，如果一味沉溺

---

① Helen M. Jewell, *Education in Early Modern England*, New York: St. Martin's Press, Inc., 1998, p. 32.

② Rosemary O'Day, *Education and Society 1500 - 1800: The Social Foundations and Education in Early Modern England*, London: Longman Group Ltd, 1982, p. 96.

③ ［美］L. S. 斯塔夫里阿诺斯：《全球通史——1500年以后的世界》，吴象婴等译，上海社会科学院出版1992年版，第246—247页。

④ Henry Peacham, *The Complete Gentlemans: the Truth of Our Times, and the Art of Living in London*, New York: Cornell University Press, 1962, p. 13.

于家族曾经的荣誉之中，过着炫耀性的生活，却不能很好地服务于国家，是得不到尊敬与荣誉的。相反，如果在战争时期能够保家卫国、在和平时期能够治理国家的人，会得到双重的尊敬与荣誉。与这一思想潮流相适应，当时“检验贵族的重要标准在于他们与众不同的能力，以及通过他们独特、优越的行为证明他们独特、优越的教养的能力”。[①] 高贵的地位存在于报效王室、为国效力的伟大行动之中。大学人文主义教育推动着贵族从中世纪为封君效力的“封臣”向近代早期为君主、为国家效力的“政府官员”转变。大学人文主义教育以悄无声息的方式冲击着地方统治势力，瓦解着贵族的传统特权，推动着英国由中世纪向现代民族国家的转型。正如现代学者普遍认为的那样，通过大学人文主义教育，“英格兰成为一个更具同一性的国家”。[②] 大学人文主义教育不仅培养了服务于君主、为国效力的政府官员，取代了中世纪以来有离心倾向的“封臣”，而且也培养了这些官员的责任感与使命感，并以之取代了中世纪“封臣”对“封君”的盲从。

其次，大学人文主义教育将“统治者”塑造成有知识的政治家。近代早期能参与国家事务管理的贵族主要分为两类，一类是凭借卓越的人文主义知识被提拔的新贵族，一类是有着显赫家世的老贵族。如前所述，整个统治阶层的受教育程度大大提高，无论是新贵族还是老贵族，要跻身政治权力核心，都需要接受良好的人文主义教育。这直接推动着受过大学人文主义教育的人广泛参与国家政治事务，英国贵族政治家的形象因此由中世纪的武士转变成近代早期的知识分子。如亨利八世统治时期的绝大多数官员都曾在类似于人文主义新学院的沃尔西之家（Wolsey's household）学习过。[③] 伊丽莎白女王统治时期，“重要的文职官员……没有一位没受过大学教育”。如枢密院主要大臣伯利（Burghley）与其子罗伯特（Robert），培根（Bacon）及其家族，托马斯·史密斯（Thomas Smith）爵士与沃尔辛汉姆（Walsingham）等，都是剑桥人，而西德尼（Sidney）与罗利

① J. A. Sharpe, *Early Modern England: A Social History 1550 – 1760*, London: Edward Arnold, 1987, p. 172.

② Rosemary O'Day, *Education and Society 1500 – 1800: The Social Foundations and Education in Early Modern England*, London: Longman Group Ltd, 1982, p. 97.

③ W. Gordon Zeeveld, *Foundations of Tudor Policy*, London: Harvard University Press, 1948, p. 20.

(Raleigh) 则在牛津大学接受过教育。[①] 在英国历史上可能第一次出现，女王的咨议局中接受过大学教育的世俗人士占了绝对优势，在很大程度上说这是文艺复兴人文主义教育的重要成果之一。近代早期学问与统治者之间的关系，正如时人所评价的，“如果你们不是学者，你们将只能为君主效绵薄之力，给国家以微薄的贡献（不能为国家作出巨大的贡献），你们自己也得不到高升”。[②]

最后，大学人文主义教育提高了“统治者”处理国家事务的能力。中世纪贵族不是依赖广博的学识而是依靠经验管理国家事务。凭借经验治国，在很大程度上限制了统治者的政治素质和工作效率。他们不能“依据可靠而牢固的原则做事”，“只是在危险临近时才看到，只是依赖他们敏捷的才智来躲避或避免危险”。[③] 但近代早期英国大学人文主义教育“教给人们清晰的规则，告诉人们何时根据何种道理来解决问题，或者暂时搁置，等待时机再解决”。[④]“远离了学问，一个人所有的经验也无法为他一生中遇到的所有事情提供足够的范例或先例。”因此，接受过良好教育的人能“根据真正的治国原则来行事，比那些饱受国事和宫廷训练和教导”的人“治国更加有方”。[⑤] 正是基于学问对管理国家事务的作用，一些大贵族才到大学求学的。如“未来的克拉伦登伯爵爱德华·海德(Edward Hyde)、未来的斯塔福德伯爵托马斯·温特沃斯（Thomas Wentworth)、约翰·皮姆（John Pym）和达德利·迪格斯（Dudley Digges）等贵族都追求能够在咨议局、国会、治安法官席位上以及处理个人事务时用得上的学问”。[⑥] 大学人文主义教育对提升统治者政治素养的作用，正如大学者弗朗西斯·培根在评价知识的价值时所言：“有经验的人虽能够处

---

① Fritz Caspari, *Humanism and the Social Order in Tudor England*, Chicago: The University of Chicago Press, 1954, p. 144.

② Lawrence Stone, *The Crisis of the Aristocracy 1558 – 1641*, London: Oxford University Press, 1980, p. 303.

③ ［英］弗朗西斯·培根：《学术的进展》，刘运同译，上海人民出版社 2007 年版，第 38 页。

④ Ibid., p. 10.

⑤ Ibid.

⑥ Mark H. Curtis, *Oxford and Cambridge in Ttransition, 1558 – 1642: An Essay on Changing Relations between the English Universities and English Society*, London: Oxford University Press, 1959, p. 265.

理个别性的事务，但若要综观整体，运筹全局，却唯有学识方能办到。”[①] 由此可见，大学系统的人文主义教育无疑增添了统治者的政治智慧，提高了统治者的管理水平。

在 19 世纪中叶英国推行文官制度改革之前，政府官员的任命主要还是依据继承关系、庇护关系进行。因此，近代早期，并不是每一位拥有政治职位的贵族都接受过大学人文主义教育，也并不是每一位接受过大学人文主义教育的贵族政治家都有很高的政治素养。但不可否认的是，大学人文主义教育改变了贵族政治家的整体形象，塑造出知识分子政治家，也从整体上增添了“统治者”的政治智慧。大学人文主义教育对“统治者”的影响，正如劳伦斯·斯通教授曾评价的那样，1540—1600 年，有产阶级利用、扩大国家的高等教育资源，是英国历史上已经发生的真正具有决定性的运动之一。通过利用、扩大高等教育资源，他们使自己适应现代国家新情况下的统治，他们也将知识阶层从神职人员的一个分支转变成有产阶级世俗人士的一个分支。[②]

第二节　大学人文主义教育培养了“完美的绅士”

近代早期“绅士”是对社会上层人士的一种泛称，包括公爵、侯爵、伯爵、子爵、男爵五级世袭贵族，也包括从男爵、骑士、从骑士和绅士等中小贵族。中小贵族也被统称为乡绅。这一时期大量非绅士阶层的人，如乡绅幼子（如果按照欧洲长子继承制原则，乡绅幼子是不属于乡绅阶层的）、教会神职人员、海陆军军官、商人、医生、律师等凭借财富、教育等后致性因素，获得了绅士（Gent）或从骑士（Esquire）的称号，跻身小乡绅的行列。仅 1635 年，伦敦贸易商或医生、律师等专业人士中就有 1200 名获得了绅士的称呼。[③] 北安普敦郡是英格兰东北部的一个内陆贸易中心，在斯图亚特时代，该郡 355 个乡绅家庭中，至少 3/4 的乡绅是新产

---

① 李瑜青：《培根经典文存》，上海大学出版社 2006 年版，第 112 页。

② Lawrence Stone, *The Crisis of the Aristocracy 1558 - 1641*, London: Oxford University Press, 1980, p. 303.

③ Lawrence Stone, "Social Mobility in England, 1500 - 1700", *Past and Present*, No. 33, Apr. 1966.

生的。[①]

"完美绅士"（the complete gentleman）是近代早期人文主义者对贵族子弟的培养目标，也是各等级贵族追求的理想形象。在时人心目中，"完美绅士"应当文武双全。具体而言，"绅士应该有文化修养，接受拉丁文与希腊文的教育，能言善辩，谈吐风雅，擅长音乐、舞蹈；绅士应当具备强壮的身体，接受体育训练，进行户外运动，学会角力、游泳、赛跑、田猎、骑马、射箭等，必要时能用剑参加战斗。绅士还应该学会上流社会的处世之道，通达人情世故，善于处理公私生活；具有绅士风度，保持身份的尊严和荣誉，气度宽宏，仪表端庄矜持；最后，绅士还应效命王室，为国家服务"。[②]

相比中世纪凭借高贵的出身、丰厚的地产等获得高贵身份的传统观念而言，近代早期英国社会分层的观念发生了明显的变化。人们对绅士身份的认定由出身、地产等传统观念拓展到"财富、权力和生活方式、价值观、精神态度、行为方式"等。[③] 生活方式、价值观、精神态度、行为方式等如同高贵的出身、丰厚的财富与强大的权力等因素一样，成为社会地位划分的重要标志。在新的意识形态之下，绅士与非绅士区别不仅在于出身、在于对土地的拥有权，也在于生活中的各个方面，如语言、婚姻、宗教信仰、生活状态、生活方式等体现出来的个人美德与修养。这些精神品质是区别绅士与非绅士的主要标志。16 世纪，优雅的生活方式成为评判一个人是否是绅士的主要标志。[④]

近代早期英国发生了频繁的社会流动，大量非绅士阶层的人跻身绅士阶层。据统计，这一时期英国人口增加了 2 倍，而绅士人数增加了 3 倍。其中，世袭大贵族由 60 人增加到 160 人，从男爵和骑士人数由 500 人增加到 1400 人，从骑士由 800 人增加到 3000 人，小乡绅由 5000 人增加到 15000 人。[⑤]

---

① Alan Everitt, "Social Mobility in Early Modern England", *Past and Present*, No. 33, Apr. 1966.

② 滕大春：《外国教育通史》第 2 卷，山东教育出版社 1989 年版，第 240—241 页。

③ J. A. Sharpe, *Early Modern England: A Social History 1550 – 1760*, London: Edward Arnold, 1987, p. 153.

④ 参见滕大春《外国教育通史》第 2 卷，山东教育出版社 1989 年版，第 26 页。

⑤ Lawrence Stone, "Social Mobility in England, 1500 – 1700", *Past and Present*, No. 33, Apr. 1966.

近代早期的人跻身绅士阶层，实现向上社会流动的途径众多：乡绅幼子娶贵族女子为妻、富有的商人在乡村购买地产、因为特殊的才能或庇护关系进入精英职业阶层等。婚姻、财富、职业是实现向上社会流动的主要途径。但拥有这些优势资源，通常只是实现向上社会流动的外在标志。一个家庭能否真正融入上流社会，不仅需要有良好的姻亲关系、雄厚的经济基础、享有较高社会地位的职业，而且需要接受过良好的教育。一个人可以在短期内暴富或成为权贵，但很难在短期内彻底清除由于卑微出身带来的粗鄙习性。他需要接受良好的教育，提升文化品位，才能将贵族的精神气质融进血脉里，才能被贵族真正接纳。正如丹尼尔·笛福（Daniel Defoe）所言，当时的社会可以接纳一个商人出身的人进入绅士阶层，条件是他必须接受大学教育，学得绅士所具有的优雅之举，并且被乡村贵族普遍接受，似乎其家族在诺曼征服以来的100多代，一直具有绅士血统。他们与那些出身于最高贵、最古老家族的绅士毫无差别。[①] 可以说，时人可以通过各种途径跻身绅士阶层，但无论以何种方式跻身绅士阶层，他们都必须接受良好的教育。大学人文主义教育是获得绅士身份的关键性因素。

大学人文主义教育参与个人社会阶层地位的归属过程。近代早期大学重视古典文化知识的教育，不仅可以提供智力文化的训练，而且可以塑造出优雅、高尚、友爱、正义、追求真理等高贵的品德。这种旨在培养年轻人多才多艺、谈吐风雅与美好品德的修身教育参与到个人社会阶层地位的归属过程，成为划分社会地位的标志之一。伊丽莎白时期的学者威廉·哈里逊（William Harrison）将接受过大学教育的人视为“仅仅被称为绅士的人”，列入社会上层。[②] 一位无名作者在《绅士的天职》（*the gentleman's calling*）一书中归纳绅士的特征时强调“绅士应该具有五大特征，其中前两项是财富和权力，另外三项是良好的教育、受人尊敬、生活悠闲”。[③] 接受大学教育与财富、权力一样，直接决定着一个人的社会地位。因此，当时的大学生几乎可以顺理成章地获得绅士身份。一些非绅士出身的人进

---

① J. A. Sharpe, *Early Modern England: A Social History 1550 – 1760*, London: Edward Arnold, 1987, p. 153.

② William Harrison, *The Description of the England*, New York: Cornell University Press, 1968, p. 94.

③ J. A. Sharpe, *Early Modern England: A Social History 1550 – 1760*, London: Edward Arnold, 1987, p. 166.

入大学之后会被视为绅士。如尼古拉斯·培根（Nicholas Bacon）的父亲是一个约曼农，但在1523年进入剑桥大学以后他就把自己当作绅士看待。像尼古拉斯这样，在1558—1642年有102名约克郡人进入乡绅阶层，其中有一半的人是约曼，其他的人是律师和商人。[①]

近代早期大学人文主义教育已经成为人们跻身绅士阶层的通行证。非绅士阶层出身的学生涌入大学正是充分利用了这一有利的社会环境，以提高他们的社会地位，实现向上社会流动。

大学人文主义教育与绅士身份之间的正相关性加强了社会的凝聚力，推进了近代早期英国社会的变迁。社会凝聚力是指社会共同体及其成员在观念、行动方面显示出来的一致性和协同性。近代早期英国大学生来自不同的社会阶层，接受着同样的古典文化教育，有利于增强社会的凝聚力。

大学人文主义教育推动着大量非绅士阶层的人士极力模仿贵族特有的文化价值观念和行为举止，以求获得绅士身份团体的认同。绅士身份团体指分享着绅士文化的社团，其成员有着绅士所特有的语言风格、衣着和服饰的品位、举止及其他仪式习惯、传统的风俗、观念和价值观。绅士身份团体意识是非绅士极力追求的目标。一位成功的手工匠斯特拉特（Strutt）在给儿子的信中表达了时人对绅士文化的渴望与向往。他在信中劝说儿子学习古典文化知识时强调："如果你增长少许学识，增进你现在拥有的绅士的生活方式、风度、高雅的谈吐、文雅的举止，那么，当你有朝一日开始经商时，在你未来生活的每一次商业交易中，你将从中得到无穷的好处。"[②] 像斯特拉斯一样，大量中间阶层人士通过学习古典文化，接受了贵族的价值观念、生活方式和行为模式，他们像绅士一样，追求高雅的品位，追求同质化了的文化模式，如"出资建戏院、音乐厅、印刷厂、图书馆，他们阅读报纸、杂志和小说"。[③]

大学人文主义教育也推动着绅士阶层的人积极接纳非绅士阶层中具有绅士"身份团体"意识的人，将绅士的生活方式、价值观念、精神态度、行为方式视为拥有绅士身份的重要标志。休·卡尼教授在研究学者与绅士

---

① Hugh Kearney, *Scholars and Gentlemen: Universities and Society in Pre-Industrial Britain1500 - 1700*, London: Faber & Co. Ltd, 1970, p. 27.

② Lawrence Stone, Jeannec C. Fawtier Stone, *An Open Elite? England 1540 - 1880*, Oxford: Clarendon Press, 1984, p. 411.

③ Ibid., p. 409.

之间的关系时甚至认为，"一个家庭由非绅士阶层转变为绅士家庭的重要标志不是当他的家庭收入达到一定水平的时候，而是当他们决定采取绅士生活方式的时候"。[①] 接受贵族阶层的价值观念和文化成为贵族阶层接纳新人的重要条件。

在大学人文主义教育推动下，中间阶层人士对精英文化的模仿，以及绅士阶层对拥有绅士身份文化的中间阶层人士的接纳，将中间阶层与绅士阶层的力量整合起来，在中间阶层与绅士阶层之间实现了文化的同一性，并维持了精英文化的优势地位。这既增强了社会凝聚力，也强化了绅士作为国家统治阶级的身份意识，促进了社会的稳定。

综上所述，大学人文主义教育有利于学生获得绅士身份，实现向上社会流动，推动社会和谐发展。但在人文主义教育思想的影响之下，大学作为一种精英教育，注重培养"未来统治者"和"完美的绅士"，而不注重培养社会发展的各类专业技术人员，大学毕业生的就业面比较窄。因此，当大学毕业生人数逐年增加，并超过各级政府机构的容纳量时，就会出现教育的相对"过剩"。斯图亚特王朝时期大学毕业生的就业形势日益严峻，部分毕业生就业不理想或找不到工作，在一定程度上威胁着社会的稳定。西方学者研究1640年英国内战爆发原因时就有一种说法，认为大学毕业生人数增多是内战爆发的一个重要原因，并建议减少两所大学招生的人数。而事实上，1640年以后，英国大学入学率确实有下降的趋势。[②] 大学人文主义教育、绅士身份与社会流动的关系在一定程度上影响着近代早期英国社会稳定与社会变迁的进程。

第三节　大学人文主义教育培养了虔诚的牧师

近代早期英国神职人员大致分成三个等级：副牧师（curates）、牧师（priest）与主教（bishop）。副牧师处于职业结构的最底层，其职位通常是临时性的。副牧师经过几年的苦熬以后，可能会被任命为牧师，成为享有圣俸圣职的神职人员，但也可能终身作为副牧师。牧师是享有圣俸圣职

---

① Hugh Kearney, *Scholars and Gentlemen: Universities and Society in Pre-Industrial Britain 1500 - 1700*, London: Faber & Co. Ltd, 1970, p. 27.

② Mark H. Curtis, "The Alienated Intellectuals of Early Stuart England", *Past and Present*, No. 23, Nov. 1962.

的神职人员，在较富有的教区，牧师往往获得较多什一税。主教则处于职业结构的顶端，享有很大的权力，是神职人员中最富有的人。

神职人员无论是在经济收入还是在社会地位方面都存在明显的等级差异。处于职业结构顶层的人员往往也处于社会结构的顶层，享有很高的社会地位，拥有较高的经济收入。当时大部分地区主教的收入可以与贵族上层和权贵贵族的收入相比。如达拉谟地区主教每年收入£ 6000，温彻斯特地区主教每年收入£ 5000。[①] 牧师往往属于社会中上层，其经济收入与中等绅士的收入大体相当。而副牧师则处于职业结构的底端，是神职人员中的无产者，其经济收入相当有限。一些生活窘迫的副牧师的年收入才£ 5。[②] 尽管如此，在社会急剧变迁的背景下，这一职业却可以带来相对稳定的经济收入。而且副牧师也可能通过职业晋升的方式跻身上流社会，实现向上社会流动。因此，从事神职工作无论是对贵族幼子还是对平民子弟都有着相当大的吸引力。在长子继承制度之下，失去继承权的贵族幼子希望借此获得权力与财富。而平民子弟则希望获得稳定的生活来源。不同阶层的人员大量跻身教会，牧师职业成为英国最大的职业群体。16 世纪初，英格兰、威尔士 250 万人口中有 35000 名神职人员。[③] 但跻身教会的途径在近代早期发生了明显的变化。

培养神职人员是中世纪以来大学的一项传统职能。在中世纪教会史档案中广泛存在的例证是教士（宗教改革后也称为牧师）经主教推荐，到大学学习几年拉丁文、逻辑学、布道等知识，学成之后再回到原教区任职。大学作为培养在职教士的重要场所，有利于提高神职人员的布道水平。但中世纪大学教育并非人们获得教士职业的必要条件。当时人们主要是通过各种先赋性因素，如庇护关系、委托关系等获得职业。教育与教士职业之间并不存在必然的联系。教士职业群体中仍然存在大量没有接受大学教育的人。斯塔基在陈述中世纪英国教育弊端时，曾针对教士的无知，指出在教育方面存在的另一问题是“教士的教育。这种教育让他们成为教会中的人，这些人总是被授以向上帝祈祷的话语，教人们宗教法，但他

---

① J. A. Sharpe, *Early Modern England: A Social History 1550 - 1760*, London: Edward Arnold, 1987, p. 185.

② Ibid., p. 184.

③ Wilfrid Prest, *The Professions in Early Modern England*, New York: Croom Helm London Sydney, 1987, p. 30.

们并没有被授以他们应该具有的美德和学识，因此，你会发现，他们只是会晨祷、祷告，或者是说一些只知其一，不知其二的话”。①

近代早期，英国发生了宗教改革。这场改革不仅剥夺了教会的财产，也迫使修士、修女还俗，神职人员急剧减少，由16世纪初的35000人减少到17世纪初的15000人。② 但宗教改革并非取缔宗教信仰，而是以国教取代天主教。因此，宗教改革后，英国仍然需要培养国教徒，也就是新教神职人员。而且在宗教改革的背景下，新教与天主教之间、新教各教派之间都存在激烈的冲突。当时无论是天主教还是新教，甚至是新教各派别都急需有文化的人能引经据典地捍卫本派教义。因此，宗教改革并没有取缔牛津大学、剑桥大学培养神职人员的传统职能。相反，君主们为了维持国教的正统性，扩大而非减少了牛津大学、剑桥大学在培养神职人员方面的责任。近代早期的大学不仅培养在职神职人员，而且培养国教徒。这一时期英国建立了多所宗教性学院，主要招收牧师或准备为教会服务的人。其中，福克斯主教建立的基督圣体学院主要招收主教辖区中的牧师，试图将他们培养成能为公众祷告的基督教新教徒。可以确切地说，正因为大学是培养教区牧师的基地，政府才对它们有如此大的兴趣。③ 因此，宗教改革后英国大学仍然是培养牧师的主要场所。

近代早期大学教育成为获得牧师职业的重要途径。在宗教改革的背景下，教会任命神职人员不再限于委托人、庇护人的委托，而是限于是否接受过大学教育。大学教育与各种先赋性因素一样成为人们获得教会职位的重要条件。一个人要进入僧侣阶层主要依据是否接受过大学教育。中世纪教士“可以凭借保护关系、委托关系进入僧侣阶层中不同等级，但是当16世纪60年代，大学开始扩招，17世纪初大学扩招已成定局时，这种制度（委托关系、保护关系）受到破坏，教会任命圣职不再限于委托人或保护人的委托，而是限于是否接受过良好的教育”。④ 理查德·泰勒（Richard Tyler）对剑桥大学4所学院毕业生的就业去向进行统计发现，

① David Cressy, *Education in Tudor and Stuart England*, London: Edward Arnold, 1975, p. 16.

② Wilfrid Prest, The *Professions in Early Modern England*, New York: Croom Helm London Sydney, 1987, p. 30.

③ Hugh Kearney, *Scholars and Gentlemen: Universities and Society in Pre-Industrial Britain 1500–1700*, London: Faber & Co. Ltd, 1970, p. 30.

④ Wilfrid Prest, *The Professions in Early Modern England*, New York: Croom Helm London Sydney, 1987, p. 46.

1590—1640 年，41.3% 的人流向教会，接受圣职。[①] 大量毕业生跻身教会。泰克（Nicholas Tyacke）认为每年“至少 45%—50% 的平民之子，40%—45% 的牧师之子毕业后在教会任职。相比而言，只有约 20% 的乡绅之子与不到 5% 的大贵族之子毕业后在教会中谋职”。[②] 宗教改革后，大学教育成为人们获得教会职位的重要途径，教会因此招收“有能力的、受过教育的牧师”。[③]

随着大学生毕业生、肄业生纷纷涌向教会，接受过大学教育的牧师在教会中所占比例日益提高。如在兰开斯特郡拥有学位的牧师人数逐年增加。1576 年有 15% 的牧师，1585 年有 31% 的牧师，1603 年有 58% 的牧师，1642 年有 90% 的牧师拥有学士或硕士学位，这个比例一直延续到整个 17 世纪结束。[④] 在考文垂和里奇菲尔德主教辖区，1584 年仅有 14% 的牧师是大学毕业生，1603 年 24% 的牧师受过大学教育，1614—1632 年 4/5的牧师受过大学教育。[⑤] 接受过大学教育或至少在大学待过一段时间的教区牧师增加的比例在不同的地区会有不同，但增加幅度依然很明显。马拉特（D. M. Marratt）对 1600—1640 年 2780 名堂区牧师的教育背景进行统计分析，得出 1163 名牧师在牛津大学接受过教育；1257 名牧师在剑桥大学接受过教育。这 2780 名牧师中，在两校学习过的人员共 2420 人，比例高达 87% 。[⑥] 英国各堂区牧师中绝大多数人都接受过大学教育。

接受大学教育的牧师所占比例增加在很大程度上改变了牧师的传统形象。正如夏普（J. A. Sharpe）所言，伊丽莎白和斯图亚特早期教会改革最大的成就之一就是将教士改造成为接受过大学教育的职业牧师。[⑦]

---

① Rosemary O'Day, *Education and Society 1500 – 1800 : the Social Foundations and Education in Early Modern England*, London: Longman Group Ltd, 1982, p. 95.

② Nicholas Tyacke, *Seventeenth- Century Oxford*, Oxford: Clarendon Press, 1997, p. 96.

③ D. M. Palliser, *The Age of Elizabeth: England under the Later Tudor 1547 – 1603*, Longman: London and New York, 1983, p. 74.

④ J. A. Sharpe, *Early Modern England: A Social History 1550 – 1760*, London: Edward Arnold, 1987, p. 187.

⑤ Wilfrid Prest, *The Professions in Early Modern England*, New York: Croom Helm London Sydney, 1987, p. 44.

⑥ Ian Green, "Career Prospects and Clerical Conformity in the Early Stuart Church", *Past and Present*, No. 90, 1981.

⑦ J. A. Sharpe, *Early Modern England: A Social History 1550 – 1760*, London: Edward Arnold, 1987, p. 187.

事实上，近代早期的大学除了培养虔诚的牧师之外，也培养了律师、医生、秘书、教师等当时社会需要的专业人员。正如后人曾经总结的那样，博雅教育不是为了追求某种特定的职业，但它通过对智力的训练，使一个人学会了思考、推理、比较、辨别和分析，练就了审美能力，养成了判断力，增强了内心的想象力，因此，接受博雅教育的人虽然不一定马上就能成为一名什么专家，但他将处于一种智力状态，能够从事任何一种职业。在传统社会中职业与职业之间没有绝对的专业界限和文凭限制，从事一种职业的人往往可以涉猎其他行业，大学人文主义教育可以使一个人能够胜任任何一种职业。近代早期英国大学人文主义教育作为一种素质教育培养了当时社会需要的各类专业人员。

第四节 大学人文主义教育增添了贵族的文化素养

近代早期大学人文主义教育不仅像人文主义者所期望的那样，培养了未来的统治者、完美的绅士与虔诚的牧师，也在客观上增添了贵族的文化素养。

大学人文主义教育推行非功利性的古典教育，主要传授增进个人修养的古典文化知识，以及骑马、跳舞、高雅的谈吐、弹琴等技艺，培养受教育者的优雅之举。如在古典文化知识方面，大学里讲授希腊语、拉丁语版的文学作品，可以让受教育者从中学会古典时代盛行的雄辩与智慧；讲授修辞学与逻辑学，可以培养受教育者完美的语言表达风格；讲授历史，可以让受教育者从古代英雄人物的事迹中学会英勇与美德；讲授哲学，则可以培养受教育者的判断能力；不仅如此，大学里还“有最好的击剑术和舞蹈教育”。[①] 新的教育模式将古典时代以来优秀的文化成果，通过知识传授内化为人格、气质、修养，使之成为贵族相对稳定的内在品质。这一时期的贵族崇尚“优雅”（gentility）之举。“优雅”是近代早期英国兴起的一种新文化现象，指贵族个体的生活方式、价值观念以及通过语言风格、衣着服饰、行为举止等反映出来的日常品位与情调。它反映出个人的修养与品位。近代早期的“优雅”风行于整个贵族阶层，体现出整个贵

① Lawrence Stone, *Oxford and Cambridge from the 14th to the Early 19th Century*, London: Oxford University Press, 1975, p. 26.

族阶层的生活品位，是贵族文化的身份符号。

近代早期贵族新形象最明显的表征是增添了文化内涵。中世纪贵族普遍歧视文化知识，但近代早期贵族不仅肩负起学术赞助与艺术赞助的重担，而且也积极从事文化鉴赏活动，在英国兴起一个鉴赏家的文化运动。近代早期贵族成为英国文化生活的主导者。近代早期的贵族不仅是文化艺术活动的赞助人，而且也是文化艺术品的“鉴赏家”（virtuoso）。他们不仅赞助文人学者从事与学术有关的活动，而且也花费大量的时间、金钱与精力从事古物研究、收集各类图书、雕刻与绘画作品，甚至是各类奇珍异玩。鉴赏家的出现标志着“英国知识发展进入一个新的阶段”。[①] 鉴赏家文化运动深深地影响 17 世纪英国的知识与文化生活，“可能是斯图亚特时期最普遍的知识运动”[②]，它们对英国文化的影响一直持续到 19 世纪，但在对文艺复兴时期学术进行的研究中，“鉴赏家”却很少受到学者们的关注。

“鉴赏家”一词自 17 世纪以来就被不同的学者广泛使用，所指对象却不尽相同。较早使用“鉴赏家”一词的是近代早期的学者亨利·皮查姆（1576—1643 年）。他为适应贵族文化的需要著《完美的绅士》一书，该书在当时被视为鉴赏家手册。作者在《论古迹》一章中，将拥有雕像、碑铭和钱币的人视为鉴赏家。如他所言：拥有这类昂贵的、属于君主们的或反映君主们思想的珍品……精于此类事物者，用意大利语说是鉴赏家。[③] 该词也通常指进行文学、艺术作品欣赏与收藏的人。如研究近代早期英国历史的学者露西·哈钦森在考察当时著名的文化艺术赞助人科洛勒尔·哈钦森时评价说，他“是一位著名的鉴赏家”，正尽可能地收集所有杰出艺术家的作品，并考察“这些人在绘画、雕刻和所有其他类似的能激起好奇心的作品”。[④] 时人对鉴赏家进行更广义的界定是：鉴赏家指从事人文学科学习与研究的人。如 1659 年一位无名作者提道，牛津大学应该传授“政治、地理、历史或所有那些能使人成为名副其实的鉴赏家的

---

① Mark H. Curtis, *Oxford and Cambridge in Ttransition, 1558 - 1642: An Essay on Changing Relations between the English Universities and English Society*, London: Oxford University Press, 1959, p. 264.

② Ibid., p. 263.

③ Henry Peacham, *The Complete Gentlemans: the Truth of Our Times, and the Art of Living in London*, New York: Cornell University Press, 1962, p. 117.

④ Walter E. Houghton, "The English Virtuoso in the Seventeenth Century: Part I", *Journal of the History of Ideas*, Vol. 3, No. 1, Jan. 1942.

装饰之学"。[①] 通常情况下，鉴赏家也是业余科学爱好者的自称。如英国皇家学会早期会员罗伯特·波义耳于1660年在《物理力学的新实验》中将他的同仁们称为鉴赏家。可见，近代早期的鉴赏家是一个非常复杂的文化群体，既包括古钱币、碑铭等古物鉴赏、收藏者，也包括文学、艺术作品的鉴赏、收藏者，甚至包括从事科学实验与研究的人。

虽然鉴赏家群体构成相当复杂，但大体分为两类：古物研究者（the antiquarian）与业余科学爱好者（the amateurs of science）。

古物研究者是鉴赏家群体兴起之初，对热衷于收藏手稿、绘画作品以及其他各类古物者的总称，他们是早期的鉴赏家。在伊丽莎白女王统治时期，这一文化群体大量收藏钱币、徽章、雕刻、手稿，并纷纷著书立说，呼吁贵族要"勤于考察古代作品中著名的人物，并尽一切可能购买这些书籍"。[②] 不仅如此，他们也在伦敦成立了古物研究者学会（the Society of Antiquarians），并将与古物研究相关的知识纳入学校教育的范畴，建立宫廷学院，发展纹章学院，交流、传授雕刻、绘画、纹章学、古物知识、钱币、徽章等能给研究者带来愉悦之情的知识。古物研究者推动的古物研究活动在当时的文化生活中异常盛行，英国历史上由此掀起了一场古物研究者运动（the antiquarian movement）。这场运动呈现以下特征。一是参与人数众多。上自君王，下至普通绅士，甚至是一些富有的中间阶层人士都对古物研究投入了极大的热情，以致"了解绘画、纹章、钱币、雕像等成为一名绅士的标志"。[③] 二是藏品范围广，各类徽章、雕塑、钱币、绘画作品、古代文稿等都是古物研究者的收藏对象。如"英国鉴赏家之父"阿伦德尔伯爵以"藏有丰富的徽章和雕塑"而闻名。他的"阿伦德尔之家"（Arundel House）是英国最好的古代雕塑品收藏所，陈列着古希腊、罗马时期著名人物的大理石塑像。这些雕像"一些是全身像，一些仅为半身胸像，还有难以计数的头像和浮雕"。[④] 三是藏品全。古物研究者依

---

① Walter E. Houghton, "The English Virtuoso in the Seventeenth Century: Part I", *Journal of the History of Ideas*, Vol. 3, No. 1, Jan. 1942.

② Frederick Hard, "Richard Haydocke and Alexander Browne: Two Half-Forgotten Writers on the Art of Painting", *PMLA*, Vol. 55, No. 3, 1940.

③ Walter E. Houghton, "The English Virtuoso in the Seventeenth Century: Part I", *Journal of the History of Ideas*, Vol. 3, No. 1, Jan. 1942.

④ 王晓丹：《从16、17世纪欧洲的收藏状况看影响欧洲文化的因素》，《呼兰师专学报》2003年第1期。

据个人喜好与需要，往往会尽可能地收藏相关藏品。如威廉·弗利特伍德是伊丽莎白女王统治时期的一名律师兼国会成员，也是一位小有名气的法律古物研究者。他“收藏了有关英国历史与法律的绝大多数手稿”。[①]

近代早期的鉴赏家也以业余科学爱好者的形象存在。之所以称这一时期的鉴赏家为业余科学爱好者，一方面在于17世纪中叶以后，鉴赏家群体的主要兴趣逐渐从古物研究转向早期的科学实验与研究，对科学的兴趣在贵族文化生活中变得格外引人注目。人们开始认为，“一个有文化的绅士忽视科学的魅力是近乎反常的事情了”。[②] 1645年，有着共同兴趣与爱好的鉴赏家组成了一个“无形学院”。他们定期到格雷莎姆学院的天文学教室集会，讨论自然科学而非形而上学的知识。1660年，该组织发展成为伦敦皇家学会，并在三年后创办了《自然科学汇报》，及时刊发会员的最新研究成果。鉴赏家承担起早期科学研究的重要责任，鼓励、促进科学的进步。

当然，鉴赏家与真正意义上的科学家在研究的目的与态度上是有区别的。真正意义上的科学家是培根主义思想的追随者。他们进行科学实验与研究的目的在于努力认识自然而不仅仅是叹赏自然之美。他们往往进行长时间的、细致的实验与观察，并采用科学实验与数学推理、逻辑论证相结合的方法认识自然。而鉴赏家大多不具备这种科学的精神气质。鉴赏家进行科学实验与研究仅仅是为了满足个人好奇心或者是获得精神上的愉悦感。对鉴赏家们而言，实验科学既没有实际用途，研究起来也太难，不具备娱乐性。他们“不愿意为了推进科学事业的发展而牺牲带有浪漫情怀的好奇感”。[③] 因此，鉴赏家缺少对纯科学进行深入研究的兴趣，他们是科学实验与研究的浅薄涉猎者。

通过对鉴赏家群体及其文化活动的分析，可以发现鉴赏家一般是那些富有而有闲的人。他们不仅有大量的时间，而且有足够的经济实力从事与学术有关的学习与研究。从这个层面来讲，鉴赏家的活动具有明显的阶级

---

① J. D. Alsop, “William Fleetwood and Elizabethan Historical Scholarship”, *The Sixteenth Century Journal*, Vol. 25, No. 1, 1994.

② ［美］罗伯特·金·默顿：《十七世纪英格兰的科学、技术与社会》，范岱年译，商务印书馆2002年版，第59页。

③ Walter E. Houghton, “The English Virtuoso in the Seventeenth Century: Part I”, *Journal of the History of Ideas*, Vol. 3, No. 1, Jan. 1942.

意识。贵族作为鉴赏家群体的主体，在近代早期成为国家文化生活的主导者。由贵族掀起的这场鉴赏家运动兴起于16世纪，并在1590—1640年得到迅速发展。其方兴未艾之态势可以从皮查姆的《完美的绅士》中得到证明。在此之前，英国人对学问的理想态度是出任公职，为国家服务。如埃利奥特的《统治者必读》中提到绘画与几何学，甚至提到“观察各类人群、野兽、贝类、鱼类、树木、灌木、草本植物”等宇宙学的学习，但其出发点在于强调这些知识对农耕与战争的实用价值，而不是给研究者个人带来的精神享受。[①] 到皮查姆生活的时代，英国文化出现了新的方向，极力强调文化的休闲娱乐性，注重文化带给人精神上的满足感。如皮查姆指出：“通过历史与各个时代中最明智的人交谈是一件多么美好的事情；洞悉最令人愉悦、令人赞赏的数学、诗歌、图画、纹章学等知识是一件多么美妙的事情。”[②] 不仅如此，皮查姆在书中以《论古物》《论宇宙学》等专门的章节讨论了绅士应该具备的鉴赏能力。该书在很大程度上反映出鉴赏家作为一个特殊的群体而存在。直到1680—1710年，随着科学革命的发生，作为业余爱好者的鉴赏家的文化活动无法满足社会发展对科学技术的需求，才逐渐走向衰落。

虽然鉴赏家的文化运动无可挽回地衰落下去了，但它在一个多世纪的发展中，极大地提升了贵族的文化内涵。他们对文艺复兴文化在贵族中的传播作出了重要的贡献，也为将英国贵族从中世纪以来热衷于放鹰养犬、歧视文化知识的“堕落绅士”形象转变为近代早期有教养、有文化的骑士和乡村绅士的形象作出了重要的贡献。[③] 鉴赏家不仅培养了人们进行科学研究的热情，而且也传播了早期的科学。中世纪的学术研究中，神学和人文学科比科学更受尊崇。“文学是一个人可以为之献身无遗的一项职业，而科学充其量不过是一个人可以偶尔搞搞的业余嗜好。”[④] 而近代早期的科学则成为大多数贵族的“业余嗜好”。查理二世本人对化学和航海颇感兴趣，从而树立起榜样。鲁珀特王子称赞自然哲学事业并躬亲这类活动。马修·

---

① Thomas Elyot, *The Boke Named the Governour*, London: J. M. Dent Co, 1907, p. 31.

② Henry Peacham, *The Complete Gentlemans: the Truth of Our Times, and the Art of Living in London*, New York: Cornell University Press, 1962, p. xv.

③ Walter E. Houghton, "The English Virtuoso in the Seventeenth Century: Part I", *Journal of the History of Ideas*, Vol. 3, No. 1, Jan. 1942.

④ ［美］罗伯特·金·默顿：《十七世纪英格兰的科学、技术与社会》，范岱年译，商务印书馆2002年版，第57页。

黑尔爵士和基帕尔福特勋爵专注于流体静力学的一些问题。[①] 鉴赏家们普遍的“业余嗜好”有助于把科学确立为一种在社会上受人尊重的事业，培养人们进行科学研究的热情。不仅如此，鉴赏家也积极支持纯科学研究的发展，传播了早期的科学。如白金汉公爵是一位著名的鉴赏家，他拥有那个时代藏品最丰富的画廊，也对科学实验与研究有着相当浓厚的兴趣。他委托植物学家约翰·特雷德斯坎特（1570—1638年）负责处理与来自世界各地的商人，尤其是弗吉尼亚、百慕大、纽芬兰岛、东印度等地的商人之间的事务，以此赞助他收集来自这些地方的“各类珍稀的野兽、家禽和鸟类、贝壳、皮草、石料”标本。公爵与特雷德斯坎特的合作，导致英国建立了“第一个自然史博物馆”,“该博物馆是英国所有其他博物馆的典范”。[②] 可以说，鉴赏家对科学兴趣的培养，对科学研究的赞助为17世纪天才科学家的诞生、科学革命的发生奠定了较充分的基础。

鉴赏家文化运动是大学人文主义教育影响英国知识与文化发展的一个显著例子。如皮查姆认为牛津大学、剑桥大学的教育有助于塑造“完美绅士”。在皮查姆看来，塑造完美绅士的首要要求是形成用英语、拉丁语说写的良好风格。他推荐莫尔的《理查三世》、西德尼的《阿卡迪亚》、培根的《论说文集》、胡克的《宗教政治诸法》，作为英国散文的模式。皮查姆还强烈建议年轻绅士广泛阅读历史，学习包括通史，希腊、罗马著名史学家的作品和英国历史。在推荐学习英国历史时，他评论“对于每一件引人注目和令人称羡的古迹和珍品方面，英国的智慧不逊于世界上的其他国家”。[③] 最后，皮查姆还建议读者学习宇宙学——包括占星术、地理、地势图、诗歌（包括现代拉丁语和英语诗人的作品）、音乐。这些培养完美绅士的学科自人文主义运动兴起以来，绝大多数已经进入牛津大学、剑桥大学的常设课或非常设课中，已经成为大学教师与学生积极追求的主要教学目标。可以说，大学古典主义教育是培养鉴赏家的摇篮。

接受大学教育的贵族子弟由“未来的统治者”转变为“鉴赏家”是

---

① 参见［美］罗伯特·金·默顿《十七世纪英格兰的科学、技术与社会》，范岱年译，商务印书馆2002年版，第59页。

② Walter E. Houghton, "The English Virtuoso in the Seventeenth Century: Part I", *Journal of the History of Ideas*, Vol. 3, No. 1, Jan. 1942.

③ Mark H. Curtis, *Oxford and Cambridge in Ttransition, 1558 – 1642: An Essay on Changing Relations between the English Universities and English Society*, London: Oxford University Press, 1959, p. 263.

近代早期大学人文主义教育发展的一个必然结果。随着近代早期英国大学招生规模扩大，大学人文主义教育的不断积累，接受过良好的人文主义教育，并以服务于君主、为国效力为己任的贵族子弟人数日益超过了政府各级行政部门所能容纳的数量。在这样的背景下，部分贵族开始将注意力转向学术领域。他们出于自己的兴趣与爱好而不是为了追求在政府部门任职而追求知识。这些人就是鉴赏家，他们都经历了17世纪早期的教育，要么直接享受这一教育的成果，要么从这一教育中获益。如由鉴赏家组成的一个学术团体——"无形学院"，后来演变成皇家学会。该团体在成立之初的十个人中，只有一个人，即波义耳没有接受过正规的大学教育，但他曾到欧洲大陆游学几年。近代早期到欧洲大陆游学作为一种教育方式存在，往往在接受了大学教育之后进行。有六人曾到牛津大学接受教育，其中三人后来又到剑桥大学接受教育。其中，另外三人曾到剑桥大学上过学。[①] 可以说，近代早期大学人文主义教育的发展造就了早期的鉴赏家。他们在文化、艺术方面的才艺代表贵族比百年前英国普通绅士拥有"更高的知识兴趣与成就"。[②] 大学人文主义教育增添了贵族的文化素养。

本章从人文主义者的教育目标，即培养未来的统治者、完美的绅士、虔诚的牧师等不同角度考察了近代早期英国大学教育的社会功能，试图说明虽然当时英国还存在诸多问题，社会现实与人文主义者的政治理想之间还有很大一段距离，人文主义教育思想与实践没有，也不可能从根本上完全改变中世纪以来英国一直存在的社会问题与社会陋习，但人文主义教育理想与实践在一定程度上改变了神职人员、社会上层人士的社会形象，并塑造出一个知识精英阶层以取代封建贵族，将中世纪的贵族转变成具有现代意义的管理者，将中世纪的武士转变成有教养、有文化的绅士。人文主义教育理想与实践在客观上影响着近代早期英国社会变迁的进程。

---

① Dorothy Stimson, "Amateurs of Science in 17th Century England", *ISIS*, Vol. 31, No. 1, Nov. 1939.

② Mark H. Curtis, *Oxford and Cambridge in Ttransition, 1558 - 1642: An Essay on Changing Relations between the English Universities and English Society*, London: Oxford University Press, 1959, p. 265.

结　　语

通过考察与分析，我们可以发现，都铎时期英国人文主义者从国家发展的需求出发，从建立理想共和国的政治理念出发，提出了教育应该培养未来统治者与完美绅士的目标。为了实现这一教育理想，这些早期的教育改革家也提出了相应的措施。他们要求改革经院主义教学内容，传授人文主义新学；他们也要求在教学过程中废除体罚，提倡快乐教学法，并在具体教学环节中推行"互译法"，以更简便的方法向学生传授古典文化知识。此外，他们也希望提高教师地位，改善教师待遇，选举德才兼备之人担任教师之职，并提出教师工作专业化，以提高教学质量。人文主义者对教育的这些思考，形成了一个包括教育价值、教育内容、教学方法、教师素质等在内的较完备的教育思想体系。人文主义教育思想的形成直接推动着近代早期英国大学教育的改革，推动着大学从培养神职人员的机构转变成为培养完美绅士、未来统治者与虔诚的牧师等专业人员的机构。这一时期不仅大量的贵族子弟与富有的中间阶层子弟进入大学，改变了大学的社会构成，而且人文主义新学确立了在大学的地位，打破了中世纪以来经院主义课程的垄断地位，改变了大学的教学内容。与此相应，这一时期大学的管辖权也发生了变化，大学由中世纪受教会管辖转变为近代早期受王室管辖。大学也因此从中世纪为教会培养人才的机构转变为近代早期为国家培养人才的机构，成为为教会、国家培养人才的摇篮。在人文主义教育思想的影响下，英国大学教育提高了贵族的文化修养，塑造着完美绅士的形象，也增加了"统治者"的政治智慧，重新塑造着"统治者"的整体形象，在客观上影响着英国社会变迁的进程。人文主义者培养未来统治者、完美绅士与虔诚的牧师以及各类专业人员的教育理想在一定程度上得到了实现。

本书主要从英国人文主义教育目标出发，考察了人文主义教育思想及其对大学教育发展的影响，并通过考察近代早期英国贵族、牧师等社会形象的改变，对人文主义教育理想的践行状况进行了评价。这是从人文主义教育思想及其影响之下的人文主义教育进步性进行的考察。事实上，进步性与保守性共存是文艺复兴时期教育的一个基本特征。这一时期人文主义教育不仅存在明显的进步性，其局限性也是不容忽视的。如近代早期人文主义教育是建立在古典文化的基础之上的，旨在培养有道德情操的人。老师给学生讲授古典文化知识，也在此过程中给学生以品德教育与精神的熏陶。古典文化为人文主义教育提供了精神养料，但也导致人文主义教育因珍视古典文化而出现过分推崇古典文化的风气。以致到近代早期行将结束前，在教育领域里出现了“重形式而不重内容”的现象。[①] 17 世纪 50 年代，将知识视为业余爱好的风气已经取代了以往古典文化的风气。在教学中，对古典文化、艺术、建筑等的粗略讲授也极大地取代了以往严格的古典教育。[②] 人文主义教育逐渐流于形式。此外，近代早期英国大学教育也滞后于科学、技术的发展。自 17 世纪开始，就不断有批评家，如弗朗西斯·培根，已经注意到人文主义教育的弊端，对两所大学展开批评。他们认为都铎时期以来，英国大学教育将科学知识和专门知识的传授与学习排斥在大学之外，阻碍了英国自然科学的发展。[③] 近代早期，英国出现了科学革命与技术革新。吉尔伯特的《磁石论》“为后来的许多科学进展打下基础；系统实验被引入科学；数学通过耐普尔、布里格斯、巴罗、沃利斯、雷恩以及牛顿等人的成就而得到改造；近代物理实验室的基本仪器诸如望远镜、研磨透视的机械、摆钟、温度计、气压计以及气泵，不是首次被造出来就是在材料上得到了改进；生理学上出现了哈维、马尔比基以及威利斯的卓越成就；动力学、气体力学和流体静力学的基本理论被提出来了；随着波义耳，化学在很大程度上与炼金术和医学分家了；而随着格鲁、列文虎克、威鲁比和雷，植物学被发展到一个新的、在此以前不能相

① 参见［美］西里尔·E. 布莱克《比较现代化》，杨豫、陈祖洲译，上海译文出版社 1996 年版，第 335 页。

② Lawrence Stone, *Oxford and Cambridge from the 14th to the Early19th Century*, London: Oxford University Press, 1975, p. 48.

③ Christopher Hill, *Chang and Continuity in Seventeenth Century England*, New Haven & London: Yale University Press, 1991, p. 127.

比的水平”。[①] 面对新兴的科学革命与技术革新，大学作出的反应是非常有限的。正如阿什比在《技术与学术机构》中对这一时期英国的牛津大学、剑桥大学作出的评价那样：“直到本世纪初期，牛津大学依然采用传统的方式对 18 岁的年轻男子进行教育。由于强调文学部的自由教育，高级学部中的专业教育则停滞僵化。尽管剑桥大学较之牛津大学更能迅速地反映时代的呼声，但是无论从何种意义上而言，它们都未能对科学革命作出迅速反应。”[②]

本书主要从人文主义者的教育理想出发，考察了人文主义对大学教育的影响。事实上，人文主义与科学革命的关系、人文主义与近代英国学术进展之间的关系等也都是值得深入研究的课题，希望能有更多的学者关注这一领域。

① ［美］罗伯特·金·默顿：《十七世纪英格兰的科学、技术与社会》，范岱年译，商务印书馆 2002 年版，第 34 页。

② 黄福涛：《外国高等教育史》，上海教育出版社 2003 年版，第 143 页。

参考文献

一 英文

（一）著作（按作者姓氏音序排列，下同）

[1] Alan B. Cobban, *The Medieval English Universities: Oxford and Cambridge to c.* 1500, Berkeley-Los Angeles &London: University of California Press, 1988.

[2] Alan B. Cobban, *English University Life in the Middle Age*, London: UCL Press, 1999.

[3] Albert William Parry, *Education in England in the Middle Ages*, London: W. B. Clive, 1920.

[4] Alistair Fox, *Reassessing the Henrician Age : Humanism , Politics , and Reform , 1500 – 1550* , New York: Basil Blackwell, 1986.

[5] Alessandra Petrina, *Cultural Politics in Fifteenth-Century England——the Case of Humphrey, Duke of Gloucester*, Brill: Leiden, 2004.

[6] Andrew Fitzmaurice, *Humanism and America: an Intellectual History of English Colonisation, 1500 – 1625* , Cambridge & New York: Cambridge University Press, 2003.

[7] Anthony Goodman & Angus Mackay, *The Impact of Humanism on Western Europe*, London & New York: Longman, 1990, p. 259.

[8] Arthur F. Kinney, *Humanist Poetics: Thought, Rhetoric, and Fiction in Sixteenth-Century England*, Massachusetts : The University of Massachusetts Press, 1986.

[9] Catherine Lucy Shrank, *English Humanism and National Identity*

(1530 - 1570), Cambridge & New York: University of Cambridge, 1999.

[10] Christopher Hill, *Chang and Continuity in Seventeenth Century England*, New Haven & London: Yale University Press, 1991.

[11] Close Readers, *Humanism and Sodomy in Early Modern England*, Princeton: Princeton University Press, 1997.

[12] Daniel Wakelin, *Humanism, Reading, and English Literature, 1430 - 1530*, Oxford: Oxford University Press, 2007.

[13] David Cressy, *Education in Tudor and Stuart England*, London: Edward Arnold, 1975.

[14] David Richard Carlson, *English Humanist Books: Writers and Patrons, Manuscript and Print, 1475 - 1525*, Toronto: University of Toronto Press, 1993.

[15] Denys Hay, Polydore Vergil, *Renaissance Historian and Man of Letters*, New York: Oxford University Press, 1952.

[16] D. M. Palliser, *The Age of Elizabeth: England under the Later Tudor 1547 - 1603*, Longman: London and New York. 1983.

[17] Donald Weinstein, *The Place of John Colet in the Development of English Humanism*, Chicago: Univ. of Chicago, 1950.

[18] Douglas Bush, *The Renaissance and English Humanism*, Toronto: University of Toronto Press, 1939.

[19] Frank Graves, *History of Education during the Middle Ages and the Transition to Modern Times*, New York: The Macmilian Company, 2004.

[20] Frank Stubbings, *Bedder, bulldogs, and bedells: A Cambridge glossary*, Cambridge: Cambridge University Press, 1995.

[21] FredericSeebohm, *The Oxford Reformers: Cloet, Erasmus and More*, London: J. M. Dent & Sons, Ltd, 1914.

[22] Fritz Caspari, *Humanism and the Social Order in Tudor England*, Chicago: The University of Chicago Press, 1954.

[23] Harold Andrew Mason, *Humanism and Poetry in the Early Tudor Period: An Essay*, Routledge & Kegan Paul, 1980.

[24] Helen M. Jewell, *Education in Early Modern England*, New York: St. Martin's Press, Inc. , 1998.

[25] Henry Peacham, *The Complete Gentlemans: The Truth of Our Times, and the Art of Living in London*, New York: Cornell University Press, 1962.

[26] Hugh Kearney, *Scholars and Gentlemen: Universities and Society in Pre-Industrial Britain 1500 - 1700*, London: Faber & Co. Ltd, 1970.

[27] Humphrey Gilbert, *Queen Elizabeth's Academy*, Boston, U. S.: Dutton & Co., 1869.

[28] Hyun-Ah Kim, *Humanism and the Reform of Sacred Music in Early Modern England: John Merbecke the Orator and the Booke of Common Praier Noted (1550)*, Cornwall: Ashgate Publishing Limited, 2008.

[29] Ian M. Green, *Humanism and Protestantism in Early Modern English Education*, London: MPG Books Ltd Bodmin Cornwall, 2009.

[30] James McConica, *The Collegiate University*, Oxford: Clarendon Press, 1986.

[31] J. A. Sharpe, *Early Modern England: A Social History 1550 - 1760*, London: Edward Arnold, 1987.

[32] James K. McConica, *English Humanists and Reformation Politics under Henry VIII and Edward VI*, Oxford: the Clarendon Press, 1965.

[33] J. B. Trapp, *Erasmus, Colet and More: The Early Tudor Humanists and Their Books*, London: The British Library, 1991.

[34] Jill Kraye, *The Cambridge Companion Renaissance Humanism*, Cambridge: Cambridge University Press, 1996.

[35] J. I. Catto, Ralph Evans, *Late Medieval Oxford*, Oxford: Clarendon Press, 1992.

[36] Joan Simon, *Education and Society in Tudor England*, Cambridge & New York: Cambridge University Press, 1966.

[37] Joanna Martindale, *English Humanism, Wyatt to Cowley*, Kent: Croom Helm Ltd, 1985.

[38] Jonathan Woolfson, *Reassessing Tudor Humanism*, New York: Palgrave Macmillan, 2002.

[39] Jonathan Woolfson, *Padua and Tudors: English Students in Italy, 1485 - 1603*, Toronto: University of Toronto Press, 1998.

[40] John Lawson& Harold Silver, *A Social History of Education in England*,

London: Methuen &Co Ltd, 1973.

[41] John M. Major, *Sir Thomas Elyot and Renaissance Humanism*, Lincoln: University of Nebraska, 1964.

[42] John Morgan, *Godly Learning: Puritan Attitude towards Reason, Learning and Education1560 – 1640* , Cambridge: Cambridge University Press, 1986.

[43] Jonathan Arnold, *Dean John Colet of St. Paul's: Humanism and Reform in Early Tudor England*, London & New York: I. B. Tauris, 2008.

[44] Kent Cartwright, *Theatre and Humanism: English Drama in the Sixteenth Century*, Cambridge & New York: Cambridge University Press, 1999.

[45] Kenneth Charlton, *Education in Renaissance England*, London: Routledge & Kegan Paul, 1965.

[46] Kyong-hahn Kim, *A Reconsideration of "Christian Humanism" in the English Renaissance: Historicizing More, Elyot, and Spenser with a Focus on Tudor Nationalism*, Oklahoma: University of Oklahoma, 1997.

[47] Lawrence Stone, *The Family, Sex and Marriage in England1500 – 1800* , London: Penguin Books, 1990.

[48] Lawrence Stone, *Oxford and Cambridge from the* 14*th to the Early* 19*th Century*, London: Oxford University Press, 1975.

[49] Lawrence Stone, *The Crisis of the Aristocracy 1558 – 1641* , London: Oxford University Press, 1980.

[50] Lawrence Stone, Jeannec C. Fawtier Stone, *An Open Elite? England 1540 – 1880* , Oxford: Clarendon Press, 1984.

[51] Lawrence V. Ryan, *The Schoolmaster (1570) by Roger Ascham*, Charlottesville: University Press of Virgina, 1967.

[52] Lewis Einstein, *The Italian Renaissance in England*, New York: The Columbia University Press, 1902.

[53] Maria Dowling, *Humanism in the Age of Henry* Ⅷ, London: Croom Helm, 1986.

[54] Mark Girouard, *The Return to Camelot: Chivalry and the English Gentleman*, New Haven and London: Yale University Press, 1981.

[55] Mark H. Curtis, *Oxford and Cambridge in Ttransition, 1558 – 1642 : An Essay on Changing Relations between the English Universities and English So-*

ciety, London: Oxford University Press, 1959.

[56] Markku Peltonen, *Classical Humanism and Republicanism in English Political Thought, 1570 – 1640*, Cambridge & New York: Cambridge University Press, 1995.

[57] Michael A. R. Graves, *The House of Lords in the Parliaments of Edward* Ⅵ *and Mary* Ⅰ, Cambridge: Cambridge University Press, 1981.

[58] Mike Pincombe, *Elizabethan Humanism: Literature and Learning in the Later Sixteenth Century*, London & New York: Longman, 2001.

[59] N. Scott Amos, Andrew Pettegree, Henk Van Nierop, *The Education of a Christian Society: Humanism and the Reformation in Britain and the Netherlands*, Andershot: Asggate Publishing Limited, 1999.

[60] Nicholas Orme, *Education and Society in Medieval and Renaissance England*, London & Ronceverte: The Hambledon Press, 1989.

[61] Nicholas Tyacke, *Seventeenth-Century Oxford*, Oxford: Clarendon Press, 1997.

[62] Obadiah Walker, *Of Education, Especially of Young Gentlemen*, EEBO, 1699.

[63] Pearl Hogrefe. *The Life and Times of Sir Thomas Elyot Englishman*, Ames: Iowa State University Press, 1967.

[64] Peter Ackroyd, *The Life of Thomas More*, London: Chatto & Windus, 1998.

[65] Rebecca W. Bushnell, *A Culture of Teaching: Early Modern Humanism in Theory and Practice*, London: Cornell University Press, 1996.

[66] Richard Foster Jones, *The Triumph of the English Language: A Survey of Opinions Concerning the Vernacular from the Introduction of Printing to the Restoration*, London: Oxford University Press, 1966.

[67] Richard Mulcaster, James Oliphant, *The Educational Writings of Richard Mulcaster (1532 – 1611)*, Glasgow: James Maclehose, 2008.

[68] Roberto Weiss, *Humanism in England during the Fifteenth Century*, Oxford: Blackwell, 1941.

[69] Roger Ascham, *Toxophilvs*, EEBO, 1589.

[70] Rosemary O'Day, *Education and Society 1500 – 1800: The Social Foun-*

dations and Education in Early Modern England, London: Longman Group Ltd, 1982.

[71] Rosemary O'Day, *The Professions in Early Modern England, 1450 – 1800 : Servants of the Commonweal*, London & New York: Longman, 2000.

[72] R. W. Chambers, *Thomas More*, New York: Harcourt, Brace & Co. , 1935.

[73] Ruth Ann Jones, *English Humanism and the Education of the Children of Henry VIII: the Princes Mary, Elizabeth, and Edward*, Columbia: University of Missouri, 1982.

[74] Sears R. Jayne, *John Colet and Marsilio Ficino*, Oxford: Oxford University Press, 1963.

[75] Stanford E. Lehmberg, *Sir Thomas Elyot Tudor Humanist*, Austin: University of Texas Press, 1960.

[76] Susanne Saygin, *Humphrey, Duke of Gloucest (1390 – 1447), and the Italian Humanists*, Leiden: Brill, 2002.

[77] Thomas Elyot, *The Boke Named the Governour*, London: J. M. Dent Co, 1907.

[78] Thomas Smith, *De Republica Anglorum*, London: Henrie Midleton, 1583.

[79] Thomas Patrick Martin, *English Humanism and the Problem of Ireland during the Reign of Elizabeth*, Minnesota: Univeristh of Minnesota, 2005.

[80] Tony Davies, *Humanism*, London & New York: Longman, 1997.

[81] W. Gordon Zeeveld, *Foundations of Tudor Policy*, London: Harvard UniversityPress, 1948.

[82] Wilbur Samuel Howell, *Logic and Rhetoric in England, 1500 – 1700* , Bristol: Thoemmes Press, 1999.

[83] Wilfrid Prest, *The Professions in Early Modern England*, New York: Croom Helm London Sydney, 1987.

[84] Wilfrid R. Prest, *The Rise of the Barristers : A Social History of the English Bar 1590 – 1640* , Oxford: Clarendon Press, 2001.

[85] William Harrison, *The Description of the England*, New York: Cornell University Press, 1968.

[86] William Harrison Woodward, *Studies in Education during the Age of the Renaissance, 1400 - 1600* , Cambridge: Cambridge University Press, 1906.

（二）论文

[1] Arthur Tilley, "Greek Studies in England in the Early Sixteenth Century", *The English Historical Review*, Vol. 53, No. 210, Apr. 1938.

[2] Alan Everitt, "Social Mobility in Early Modern England", *Past and Present*, No. 33, Apr. 1966.

[3] B. L. Ullman and Duck Humphrey, "Manuscripts of Duke Humphrey of Gloucester", *The English Historical Review*, Vol. 52, No. 208, Oct. 1937.

[4] David Cressy, "The Social Composition of Caius College, Cambridge 1580 - 1640", *Past and Present*, No. 47, May, 1970.

[5] D'Alton Craig W, "The Trojan War of 1518: Melodrama, Politics, and the Rise of Humanism", *The Sixteenth Century Journal*, Vol. 28, No. 3, Autumn 1997.

[6] Dewitt T. Starnes, "John Florio Reconsidered", *Texas Studies in Literature and Language*, Vol. 6, No. 4, Winter, 1965.

[7] Dorothy Stimson, "Amateurs of Science in 17th Century England", *ISIS*, Vol. 31, No. 1, Nov. 1939.

[8] F. Donald Logan, "The First Royal Visitation of the English Universities, 1535", *The English Historical Review*, Vol. 106, No. 421, Oct. 1991.

[9] Frederick Hard, "Richard Haydocke and Alexander Browne: Two Half-Forgotten Writers on the Art of Painting", *PMLA*, Vol. 55, No. 3, 1940.

[10] Ian Green, "Career Prospects and Clerical Conformity in the Early Stuart Church", *Past and Present*, No. 90, 1981.

[11] J. D. Alsop, "William Fleetwood and Elizabethan Historical Scholarship", *The Sixteenth Century Journal*, Vol. 25, No. 1, 1994.

[12] Joan Simon, "The Social Origins of Cambridge Students, 1603 - 1640", *Past and Present*, No. 26, Nov. 1963.

[13] Joel T. Rosenthal, "The Universities and the Medieval English Nobility", *History of Education Quarterly*, Vol. 9, No. 4, Winter, 1969.

[14] Joan Simon, "The Reformation and English Education", *Past and*

Present, No. 11, Apr. 1957.

[15] J. W. Bennett, "Andrew Holes: A Neglected Harbinger of the English Renaissance", *Speculum*, Vol. 19, No. 3, Jul. 1944.

[16] Lawrence Stone. "The Educational Revolution in England, 1560 – 1640", *Past and Present*, No. 28, Jul. 1964.

[17] Lawrence Stone, "Social Mobility in England, 1500 – 1700", *Past and Present*, No. 33, Apr. 1966.

[18] Margery H Smith, "Some Humanist Libraries in Early Tudor Cambridge", *Sixteenth Century Journal*, Vol. 5, No. 1, Apr. 1974.

[19] Mark H. Curtis, "The Alienated Intellectuals of Early Stuart England", *Past and Present*, No. 23, Nov. 1962.

[20] Mario Borsa, "Correspondence of Humphrey Duke of Gloucester and Pier Candido Decembrio", *The English Historical Review*, Vol. 19, No. 75, Jul. 1904.

[21] W. L. Newman, "The Correspondence of Humphrey, Duke of Gloucester and Pier Candido Decembrio", *The English Historical Review*, Vol. 20, No. 79, Jul. 1905.

[22] Michael Pincombe, "Some Sixteenth-Century Records of the Words Humanist and Humanitian", *The Review of English Studies*, *New Series*, Vol. 44, No. 173, Feb. 1993.

[23] Richard L. DeMolen, "Richard Mulcaster and the Profession of Teaching in Sixteenth-Century England", *Journal of the History of Ideas*, Vol. 35, No. 1, Jan. – Mar. 1974.

[24] Roberto Weiss, "Piero del Monte, John Whethamstede, and the Library of St. Albans Abbey", *The English Historical Review*, Vol. 60, No. 238, Sep. 1945.

[25] Roberto Weiss, "Leonardo Bruni Aretino and Early English Humanism", *The Modern Language Review*, Vol. 36, No. 4, Oct. 1941.

[26] Sharon Kettering, "Patronage in Early Modern France", *French Historical Studies*, Vol. 17, No. 4, 1992.

[27] Walter E. Houghton, "The English Virtuoso in the Seventeenth Century: Part I", *Journal of the History of Ideas*, Vol. 3, No. 1, Jan. 1942.

[28] William E. Miller, "Double Translation in English Humanistic Education", *Studies in the Renaissance*, Vol. 10, 1963.

[29] Wilfrid Prest, "Legal Education of the Gentry at the Inns of Court, 1560 - 1640", *Past and Present*, No. 38, Dec. 1967.

二 中文

(一) 著作

[1] [美] 保罗·奥斯卡·克利斯特勒:《意大利文艺复兴时期八个哲学家》, 姚鹏、陶建平译, 上海译文出版社 1987 年版。

[2] [美] 布莱恩·蒂尔尼、西德尼·佩因特:《欧洲中世纪史》, 袁传伟译, 北京大学出版社 2011 年版。

[3] [美] 查尔斯·霍默·哈斯金斯:《12 世纪文艺复兴》, 夏继果译, 上海人民出版社 2005 年版。

[4] 曹孚、滕大春等:《外国古代教育史》, 人民教育出版社 1981 年版。

[5] 程汉大:《英国政治制度史》, 中国社会科学出版社 1995 年版。

[6] 褚宏启:《走出中世纪: 文艺复兴时代的教育情怀》, 北京师范大学出版社 2000 年版。

[7] [美] E. P. 克伯雷:《外国教育史料》, 任宝祥、任钟印主译, 华中师范大学出版社 1991 年版。

[8] [英] 弗朗西斯·培根:《学术的进展》, 刘运同译, 上海人民出版社 2007 年版。

[9] [美] 格莱夫斯:《中世教育史》, 吴康译, 华东师范大学出版社 2005 年版。

[10] [英] G. R. 波特:《新编剑桥世界近代史》第 1 卷, 中国社会科学院世界历史研究所组译, 中国社会科学出版社 1999 年版。

[11] 黄福涛:《外国高等教育史》, 上海教育出版社 2003 年版。

[12] [美] 加兰·坎农:《英语史》, 尹敬勋译, 中国对外翻译出版公司 1987 年版。

[13] 蒋孟引:《英国史》, 中国社会科学出版社 1988 年版。

[14] [英] 昆廷·斯金纳:《现代政治思想的基础》, 求实出版社 1989 年版。

[15] [美] L. S. 斯塔夫里阿诺斯:《全球通史——1500 年以后的世界》，吴象婴等译，上海社会科学院出版 1992 年版。
[16] 李瑜青:《培根经典文存》，上海大学出版社 2006 年版。
[17] 刘城:《英国中世纪教会研究》，首都师范大学出版社 1996 年版。
[18] [美] 罗伯特·金·默顿:《十七世纪英格兰的科学、技术与社会》，范岱年译，商务印书馆 2002 年版。
[19] 滕大春:《外国教育通史》第 2 卷，山东教育出版社 1989 年版。
[20] 田薇:《信仰与理性：中世纪基督教文化的兴衰》，河北大学出版社 2001 年版。
[21] [英] 威廉·莎士比亚:《莎士比亚全集》下卷，梁实秋译，内蒙古文化出版社 1995 年版。
[22] [法] 雅克·勒戈夫:《中世纪的知识分子》，张弘译，商务印书馆 1999 年版。
[23] [荷] 约翰·赫伊津哈:《中世纪的衰落》，刘军、舒炜等译，中国美术学院出版社 1997 年版。
[24] 吴式颖、任钟印:《外国教育思想通史》第 4 卷，湖南教育出版社 2005 年版。
[25] 吴元训:《中世纪教育文选》，人民教育出版社 2005 年版。
[26] [美] 西里尔·E. 布莱克:《比较现代化》，杨豫、陈祖洲译，上海译文出版社 1996 年版。
[27] 朱孝远:《文艺复兴书信集》，李瑜译，学林出版社 2002 年版。

(二) 论文

[1] 陈新:《“人文主义”的兴起——一个有关史学认识的个案分析》，《世界历史》2003 年第 1 期。
[2] 陈尧:《政治研究中的庇护主义——一个分析的范式》，《江苏社会科学》2007 年第 3 期。
[3] 洪柳:《论教师专业化发展》，《教书育人》2005 年第 2 期。
[4] 王晓丹:《从 16、17 世纪欧洲的收藏状况看影响欧洲文化的因素》，《呼兰师专学报》2003 年第 1 期。
[5] 吴于廑:《人本主义能够用作批判中国封建思想体系的武器吗?》，《世界历史》1984 年第 2 期。

[6] 向荣：《16、17 世纪英国政治文化中的父权主义》，《史学月刊》2001 年第 1 期。

[7] 徐煜：《英国宗教改革与大学教育的变化》，《广西社会科学》2004 年第 6 期。

后　记

本书是在博士论文基础上修改而成的。在此，我首先要感谢导师向荣教授。感谢先生多年对我的教诲与无私帮助，也感谢先生为我的论文写作提供思路与核心资料，并在论文选题、立论、内容等各方面进行悉心指导。可以说，本书处处都浸透着先生的无私教诲。没有先生的辛勤付出，就不会有本书的问世。在我求学之路上，先生给予的帮助，将没齿难忘。在学问之外，先生也以其独特的人格魅力感动着我，我也试着像先生那样，以一颗宽容与仁爱之心善待我的每一位学生。此外，我也非常感谢陈勇教授、李工真教授在论文开题报告时提出宝贵而中肯的意见，为我的论文写作提供了帮助。感谢答辩会委员会刘景华教授、邢来顺教授、陈勇教授、郑昌发教授、韩永利教授给予的指导并提出的具体修订意见；感谢江汉大学人文学院历史系领导与同事的无私帮助；感谢家人对我一如既往的理解与支持：是你们支持我走过了艰难的求学之路，也将支持着我在学术之路上继续走下去。

刘贵华